高职教育产教融合的
理论与实践研究

方 丽 著

吉林出版集团股份有限公司

图书在版编目（CIP）数据

高职教育产教融合的理论与实践研究 / 方丽著. —
长春：吉林出版集团股份有限公司, 2024.3
ISBN 978-7-5731-4701-1

Ⅰ. ①高… Ⅱ. ①方… Ⅲ. ①高等职业教育—产学合
作—研究—中国 Ⅳ. ①G718.5

中国国家版本馆 CIP 数据核字(2024)第 059602 号

高职教育产教融合的理论与实践研究
GAOZHI JIAOYU CHANJIAO RONGHE DE LILUN YU SHIJIAN YANJIU

著　　者	方　丽
责任编辑	滕　林　刘诗宇
封面设计	牧野春晖
开　　本	710mm×1000mm　1/16
字　　数	170 千
印　　张	10.5
版　　次	2025 年 1 月第 1 版
印　　次	2025 年 1 月第 1 次印刷

出版发行	吉林出版集团股份有限公司
电　　话	总编办：010-63109269
	发行部：010-63109269
印　　刷	三河市悦鑫印务有限公司

ISBN 978-7-5731-4701-1　　　　　　　　　　　　定价：78.00 元

前　言

　　进入 21 世纪以来，中国职业教育实现了从量变到质变的转化。2021 年中共中央办公厅、国务院办公厅印发《关于推动现代职业教育高质量发展的意见》，指出坚持产教融合、校企合作，推动形成产教良性互动、校企优势互补的发展格局，要求各级政府要统筹职业教育和人力资源开发的规模、结构和层次，将产教融合列入经济社会发展规划。

　　近几年，我国大学毕业生已突破千万，就业问题备受社会关注。经济高质量发展和产业转型升级受制于人才，迫切需要人才培养和使用一体化。因此，促进大中专毕业生就业创业、提高教育服务经济社会和产业发展的能力和水平、保障人才培养供给和产业人才需求有效衔接，迫在眉睫。为此，我们需要深入了解我国产教融合的机制与价值。

　　本书共分为七章，第一章：职业教育与高职教育，对职业教育与高职教育进行了概述；第二章：产教融合的认识与价值解析，针对产教融合的概念、理论基础和时代价值进行了解释与分析；第三章：高职教育产教融合制度建设，分别从组织制度建设、岗位制度建设和学生管理制度建设三个方面进行阐述；第四章：推进"双师型"教师队伍建设，对其概念、建设的理论依据，以及产教融合背景下的"双师型"教师队伍建设进行了介绍；第五章，推进校企合作机制建设，阐述了校企合作的背景、理论以及意义与未来趋势；第六章：加快建设产教融合实训基地，针对其意义、概念、建设策略进行了分析；产教融合理念下的高职院校人才培养，分析了产教融合视域下高职院校人才培养的现实依据、存在的问题以及人才有效培养的推进策略。

　　本书内容有详有略，言之有序，结构清晰，条理清楚，从职业教育、高职教育、产教融合的概念入手，通过对产教融合价值的剖析，为高职教育产教融合的建设提供了理论基础和人才培养策略。

　　本书在撰写过程中，参考并借鉴了部分专家学者的研究成果和观点，在此表示最诚挚的感谢！另外，由于作者水平有限，书中的内容、观点难免存在疏漏和片面之处，敬请批评指正！

作　者

2023 年 9 月

目　录

第一章　职业教育与高职教育 1

　第一节　职业教育的概念 1

　第二节　现代职业教育体系 11

　第三节　高职教育概述 17

第二章　产教融合的认识与价值解析 29

　第一节　产教融合的概念 29

　第二节　产教融合的理论基础 38

　第三节　产教融合的时代价值 50

第三章　高职教育产教融合制度建设 59

　第一节　组织制度建设 59

　第二节　岗位制度建设 66

　第三节　学生管理制度建设 69

第四章　推进"双师型"教师队伍建设 75

　第一节　"双师型"教师的概念与资格认定 75

　第二节　"双师型"教师队伍建设的三个维度 82

　第三节　产教融合背景下的"双师型"教师队伍建设存在的问题与对策

　　.. 87

第五章　推进校企合作机制建设 **95**

　　第一节　校企合作的背景解读 95

　　第二节　校企合作的理论探讨 108

　　第三节　校企合作的长效机制建设 140

第六章　产教融合理念下的高职院校人才培养 **146**

　　第一节　产教融合视域下高职院校人才培养的现实依据 146

　　第二节　产教融合视域下高职院校人才培养存在的问题 149

　　第三节　产教融合视域下高职院校人才有效培养的推进策略 153

参考文献 **161**

第一章　职业教育与高职教育

第一节　职业教育的概念

现代教育中的职业教育是适应经济、社会发展需要的重要教育类型。职业教育的发展是现代产业结构调整、劳动力市场的风向标，已成为促进新时期全面社会发展的关键。职业教育是促进劳动者高质量就业的重要途径。现代社会发展需要依靠科学技术的进步，需要培养生产、管理、服务等广泛领域的技术应用型人才。加快发展职业教育，建立与现代产业相匹配的职业教育体系，有利于加速我国经济发展方式的转变，是实现我国社会经济全面发展战略任务的驱动器。

一、职业教育

（一）职业

人类社会经过生产力的发展，劳动逐渐趋于复杂化，因此产生了社会分工。在原始社会，社会生产力水平极其低下，人类必须依靠集体的力量才能生存。那时的人们集体从事各种非固定性的劳动。社会生产力的发展促使劳动者相对地从事某种固定性的工作，这种固定性的工作就是早期的职业。社会分工促成了职业的形成。

在我国，职业一词最早见于《国语·鲁语下》："昔武王克商，通道于九夷、百蛮，使各以其方贿来贡，使无忘职业。"这里的"职业"是指官事和士农工商四民之常业。而职业作为一个现代专用名词，由于视角和情景的不同，因此古代与现代对职业的定义也略有不同。

西方学者查贝克（Chapek）认为，职业指的是在工作组织不断变化的过程中所产生的专业化分工。个人为了谋生不得不去从事某项职业。马克斯·韦伯（Max Weber）从个人能力的角度将职业定义为：一个人能力的详细罗列、专业化和组合的方式。国内有学者认为，职业是参与社会分工，利用专门的知识和技能，为社会创造物质财富和精神财富，获得合理报酬，作为物质生活来源并满足精神需求的工作。《教育大辞典》将职业定义为：职业是指个人在社会中所从事的并以其为主要生活来源的工作的种类。不论何种解释，职业关乎人们的生活来源，需要付出劳动服务社会。这种劳动和服务需要一定的知识或者技能，这就是职业的特性。随着这种特性的改变，职业也相应地发生着改变。数千年来，随着社会的发展变化，各种新的职业不断出现，也有千千万万旧的职业不断消失。现代社会中，劳动者为了快速适应社会劳动的需要，会有目的地提前学习有关职业工作的知识或者技能，在这个阶段，教育产生了重大的影响。

法律法规也对职业有重要的影响，依据《中华人民共和国劳动法》第六十九条的规定：国家确定职业分类，对规定的职业制定职业技能标准，实行职业资格证书制度，由经备案的考核鉴定机构负责对劳动者实施职业技能考核鉴定。由劳动和社会保障部、国家质量监督检验检疫总局、国家统计局联合组织编制的《中华人民共和国职业分类大典》，将我国职业类型划分的更为详细。

（二）教育

教育，是教育学的一个基本概念。英文中"education"源于拉丁语中的"educaer"，原意是采取一定的手段，使潜藏于人内在的东西发挥出来，即将潜质转化为外在的、现实的能力表现。我国古典文献中，"教育"一词最早见于《孟子·尽心上》："得天下英才而教育之，三乐也。"东汉许慎《说文解字》将"教"和"育"分别解释为："教，上所施，下所效也；育，养子使作善也。"

我国学者一般将教育分为广义和狭义两个层面，广义的教育是指一切增进人们知识和技能，影响人们思想品德的活动；狭义的教育主要是指学校教育，是指教育者根据一定的社会或阶级的要求，有目的、有计划地对受教育者的身心施加影响，把他们培养成为一定社会或阶级所需要的人的活动。欧美学者一般将"教育"等同于个体学习或发展过程，如特朗里编著的《英汉双解英语词典》把"教育"解释为：成功地学习知识、技能与正确态度的过程。这里所学的应是值得学习者为之花费精力与时间，学习方式则一般应使学习者能通过所学习的知识表现自己的个性，并将所学的知识灵活地应用到学习时自己从未考虑过的境遇和问题中去。如斯普朗格（Spranger）认为，教育是个体在文化的影响下所受到的统一的、分阶段的能力培养。通过教育个体，使其获得进行文化活动的能力，从而为丰富文化做出贡献。哈贝马斯（Habemas）则认为，教育即人在社会化的整个过程有一个基本的出发点，就是要改变"不合理的、非平等对话原则的"自我及社会现状。

（三）职业教育

我国教育理论家杨贤江指出：自有人生，便有教育。目前，职业教育学界将职业教育界定为，"给予学生或在职人员从事某种生产、工作所需的知识、技能和态度的教育"。这一界定来源于"教育是为生活做准备"的思想，即教育工具论。联合国教科文组织公约对职业教育与培训的定义的解释也与此具有相似性："包括教育过程的各种形式和各种层次，它除了一般知识的传授外，还涉及技术和相关科学知识的学习，以及对于社会生活和经济生活息息相关的实用技能、专业知识、态度和看法的掌握。"

近年来，国内学者将职业教育定义为：职业教育就是在一定普通教育的基础上，对社会各种职业、各种岗位所需要的就业者和从业者所进行的职业知识、技能和态度的职前教育和职后培训，使其成为具有高尚的职业道德、严明的职业纪律、宽广的职业知识和熟练的职业技能的劳动者，从而适应就业的个人要求和客观的岗位需求，推动生产力的发展。职业教育除提高学习者的知识、技术技能外，还应注意学习者的素养、品质的养成。

二、职业教育理念与特征

（一）现代职业教育理念

职业教育理念是人们对职业教育科学发展的一种理性认识，是办学者参与者职业教育思想的体现，也是职业院校办学、教育教学的指导方针，对学校教育改革发展具有重要的影响作用。不同的职业学校和教育者、研究者，从各自视角提出了多种多样的教育理念，如有的学者提出职业教育现代化、市场化、产业化、素质化、终身化理念，有的提出"人本教育"理念、选择教育理念、职业教育理念、能力本位教育理念等，仁者见仁智者见智，关键是理念与教育实践的有机结合，理念能付诸实际。职业教育理念随着社会经济的发展、产业的转型升级、职业岗位能力的变化而不断地发展变化，教育理念是一个动态的、发展的概念。

1. 职业教育终身化

终身教育是时代发展的需要。自 20 世纪 60 年代中期以来，在联合国教科文组织等国际组织的大力提倡、推广之下，知识经济和网络时代的需要使得终身教育深入人心，并成为各行各业自身发展和适应职业需求的生存之道。学校教育是一种阶段性教育，普通教育是一种职前教育，而与终身教育息息相关的教育就是职业教育，职业与生存的需要使学习成了人们的一种基本的生活方式和发展方式，有力地推动了现代职业教育的发展。

终身教育从被保罗·朗格朗提出以后，建立全民参与的终身教育体系就已成为世界教育发展的一部分。法国于 1971 年制定了《终身职业教育法》，将终身教育与职业教育合二为一，作为成人教育的法律依据。美国于 1976 年制定并颁布了《终身学习法》，并在联邦教育局设立了终身教育局，作为国家对终身教育的管理机构。

21 世纪科学技术突飞猛进，信息技术改变了人们的学习空间和学习方式，如慕课就是借助于开放的网络资源综合起来的一种在线课程模式，是一种大规模的网络开放课程，它将分布于世界各地的授课者和学习者通过开放式的网络平台联系起来，形成了一种便利的、自由的、开放的终身学习模式。

我国通过开展社区教育、成人教育、职业培训等大力推动终身教育，以适应社会的现代化发展水平。同时，转变我国经济发展方式和发展现代产业体系，还需要建立终身教育体系，以促进职业教育的可持续发展，促进劳动者适应职业技能的发展变化。

《国家中长期教育改革和发展规划纲要（2010—2020 年）》要求构建体系完备的终身教育，"学历教育和非学历教育协调发展，职业教育和普通教育相互沟通，职前教育和职后教育有效衔接"。"到 2020 年，形成适应经济发展方式转变和产业结构调整要求、体现终身教育理念、中等和高等职业教育协调发展的现代职业教育体系。"

2022 年 4 月，教育部举办新闻发布会，介绍了教育系统学习宣传贯彻落实《中华人民共和国职业教育法》有关情况。新法着力建立健全服务全民终身学习的现代职业教育体系。

2. 职业教育社会化

社会化是人从自然人到社会人、从生物属性到社会属性的转化过程，是社会通过各种方式使人习得社会行为规范并内化为个体的行为、价值观并成为社会人的过程。社会化包括社会对个体的教化和个体社会成员的互相学习两个方面，是心理学、教育学的重要概念。人的社会化对传递人类文化、增进人的生存技能、促进社会的发展具有重要意义。

美国人类学家米德（Margaret Mead）将社会化分为三种模式：后喻文化（post-figurative culture）、前喻文化（pre-figurative culture）、同喻文化（co-figurative culture），米德的研究对教育社会学理论的发展产生了重大的影响。在社会化过程中，教育起了极其重要的作用，通过教育传递人类的文化经验、社会规范、道德意识。教育社会化就是系统地对个体进行有关生产与生活基本知识和基本技能的传授，授以社会行为规范，确定人生目标，培养人的社会角色。

职业教育是一种终身教育，包括职前、职中、职后三个阶段，从单一的学校教育延伸到整个社会，实现教育的社会化。职业教育的受众范围十分广泛，包括在校学生、在职员工、下岗人员、农村人员，从年龄视角可分为成年人、未成年人，且教育需求具有多样性，包括全日制教育、岗位培训、继续教育或就业培训等，是社会性最为广泛的教育。职业教育社会化的内涵包括保障全体社会成员有平等接受职业教育与培训的机会，为失业者和处境不利人群提供各种正规和非正规的技术和职业培训，促进终身教育和社区教育，为社会成员提供有效的职业指导与咨询。职业教育社会化是现代工业社会发展的必然要求，也是世界许多国家发展职业教育的成功经验，是当代职业教育的重要发展趋势。职业教育社会化的特征，主要体现在以下几个方面。

（1）职业教育内容的社会化。职业教育必须使受教育者获得某种职业或生产与生存的技能，其知识和技能的构成必须是与社会经济生活紧密关联的、实用性的。

（2）职业教育方式、手段、途径的社会化。职业教育的实践性、实用性要求职业教育的教学必须与实践相结合，加强校企合作、工学结合或半工半读，为企业服务，为生产服务。通过企业实训实习、为企业提供技术支持、开发新产品等方式形成社会化学习网络。

（3）职业教育要实行社区化办学。面向企业，面向行业，走进社区，开展职业培训、职业咨询和指导。美国的社区学院就是在地区、社区举办的教育机构，向社区提供职业教育和成人教育。

（4）职业教育社会化将助推农村职业教育的发展。按照农科教相结合的原则，推进农村科学技术的发展，普及农业技术知识，通过建立农村技术培训机构、现代农业示范园区，开展农业科学技术培训，促进农村的发展与进步。

职业教育社会化还体现在教育的开放性方面，职业教育是向社会开放的教育，是任何社会个体都可以进入的教育。职业教育的开放性主要表现在以下几个方面。

（1）教育对象的开放性。职业学校教育的生源具有广泛性，任何人都可以接受职业岗位培训。

（2）入学条件的开放性。职业教育接受来自社会各阶层和各层次的生源，在入学条件上不受限制。

（3）教育内容的开放性。根据行业、职业岗位的需求，调整教育或培训的内容。

（4）教育模式的开放性。根据实践教学的需要，灵活地开展校企合作、工学结合等多种教学方式。

（5）教育场所、时间的开放性等。

3. 职业教育能力化

职业教育的本质特征决定了其在教育过程中注重能力培养，注重技术与技能的提高。职业教育培养人才，不仅仅是向他们传授知识，更重要的是培养他们的各种技术能力，尤其是创新意识和创造能力。通过"做中学"培养学生动手的能力、实践的能力，发现和获得新知识的能力，分析和解决问题的能力，交流与合作的能力，收集和处理信息的能力，培养出具有实际应用能力的人才。

职业教育能力化不等于能力本位的职业教育。能力本位的职业教育理念是 20 世纪 20—30 年代在欧美国家流行的一种职业教育观。能力本位职业教育（CBVE）指在教学之前，先确定从事某种行业所必需的知识、技能和态度。之后，根据这些确定的教学内容来教导学生，并且使每一个完成课程的学生都达到预定的技能水准。一个完整的能力本位教育通常包括以下几个步骤：①分析行业；②确定行为目标；③编写教材与计划教学；④实施教学；⑤评鉴教学结果。能力本位职业教育是基于岗位工种的教育理念，是工业化大生产背景下"效率崇拜"的产物，难以适应劳动力流动加剧的变化，过于强调职业教育的工具价值，忽视了对人的内在精神和态度的培养。

职业教育能力化建立在"以人为本"的素质教育的基础之上,尊重人、尊重学生个性的发展,在教育过程中渗透价值教育理念。在教育过程中注重学生的主动性和创造性,经过教育使其身心得到自由的发展,培养学生具有良好的职业道德、专注工作的创新能力、良好的团队合作精神和社会交往能力。"以人为本"的素质教育包含基本素质、职业素质、工作素质和岗位素质。基本素质是指工作的主动性,即有自发的愿望完成工作、达到目标,有饱满的热情和能力提出问题并解决问题;职业素质是指了解职业需求,主动追踪工作的开展,完成专业任务;工作素质是指要具有保证质量和节省资源的理念,创造效益,尽早完成工作目标;岗位素质是指与培养目标对应的职业岗位所需要的专业理论知识、实践技术和专门技能。

(二)现代职业教育的特征

1. 职业性

职业性是指职业教育为社会各行各业生产、服务的一线输送各级各类技术技能型人才的培养目标。它的目标是使学生学成以后能够在社会上顺利地实现就业,最注重的是职业技能教育。

(1)培养目标的职业性。职业教育培养的各种人才适合于社会上成千上万的职业岗位。它的培养目标以职业或职业群为主体,培养人才直接针对职业岗位群的要求,办学宗旨即培养某岗位、某职业、某职业群所需要的人才。

(2)学校办学的职业性。一般来说,不同职业学校具备不同的办学特点,这也显示了学校培养学生的职业定向性。因为专注于不同的领域,具备不同的个性,因而不同的学校有不同的目标,从而培养出不同职业倾向的学生。

(3)专业的职业性。学生自己所要学习的专业在入校时就已经选定,这也代表着从某种程度上选择了自己将来要从事的职业。在教学上,职业特色、地方特色、重视学生职业"五能"的培养等要素具体表现在专业设置、课程设置和师资、教材、教学方法等方面。

2. 实践性

实践性的意义是指职业教育学校将学生放在真实的工作环境中去亲历

实践教学、现场训练等，这个环节已成为学校教学工作中不可缺少的组成部分。

（1）教学上的实践性。以学习普通文化科学和理论知识为主的普通教育和高等教育，其教学工作的基本形式是课堂教学。而职业教育与此不同，它在强调学生要掌握必备的科学文化理论知识的同时，更加强调要培养学生实际操作的技能，实践教学在职业学校教学工作中占有十分重要的地位。

（2）技能上的实训性。技术技能教育是职业教育所关注的，职业教育的基础是帮助学生掌握专业技能。除了理论上教授学生基本知识外，帮助学生掌握六项职业的专项技能更为重要。只有这样，学生才能顺利获得从事某项职业的从业资格。"三百六十行，行行出状元"，这个"状元"的含义便是指从业之窍门、从业之技巧。因此，职业教育就要为学生多安排时间进行校外实践和训练，使他们充分融入现实社会之中。在日常生活中，通过大量实际训练，使学生学习到不同职业、不同岗位的多样化职业技能。

（3）培养上的实用性。在专业设置方面，社会、企业、学校共同参与的专业指导委员会由学校组建，通过调查用人单位，尤其是本地区企业对人才职业岗位能力的要求，以此确定学生毕业后所从事职业岗位的业务工作范围，并将其具体化为人才培养规范，确定所要设置的专业。在教学内容方面，要按照"实际、实用、实效"的原则来确定，讲授这部分课程的教师须聘请在此类职业中长期工作、经验丰富的优秀从业人员，把理论教学与实践教学两者相结合。在师资队伍方面，建立"双师型"师资队伍，方法可采用专职教师与兼职教师相结合，最重要的是有关职业培训的课程要以兼职教师为主，这样教学就会更加贴近实际。在实训基地建设方面，职业学校可以将自己的实训基地建立在一些有实力、有条件的企业中，让学生在真实的工作环境中顶岗学习职业技能。

3. 经济性

经济性体现在，职业教育是我国工业化、社会化、现代化发展的重要支柱，同我国的经济发展和社会进步相互促进、相互影响。

（1）职业教育与社会经济相互促进、相互制约。社会经济发展水平和产业结构变化驱动和制约着职业教育的发展，职业教育必须服务于社会经济，适应社会生产力水平的不断提高，不断促进经济发展以及社会进步，只有这样，职业教育才能被赋予强大生命力。反之，社会经济发展和经济基础增强，可以为职业教育提供更加坚实的经济基础和发展保障。从我国职业教育的发展历程来看，在 20 世纪 50 年代前期、60 年代中期和 80 年代中期之后这三个时期，发展状况表现为快速、稳定，和这三个时期经济上持续、协调发展的环境有着密切相关的联系。同时，这三个时期的职业教育先后在我国的工业领域（20 世纪 50 年代的中专、技校）、农业领域（60 年代中期的农村职业中学）、第三产业（80 年代中期之后的职业高中）的重点发展上做出了不可磨灭的贡献。因此，可得出经济发展与职业教育发展是形影相伴、唇齿相依的关系。

（2）职业教育对经济发展具有更大的促进力。当人的知识和技能成为生产力发展的决定性因素的时候，如果知识和技能严重不足，无论资金多么充足、设备多么完善，想要在生产力上获得更大的发展都不可能实现。因此，那些既掌握扎实的理论知识，又具备成熟技能的知识人，对未来的经济发展将起到决定性作用，而这些知识人的培养主要依赖于职业教育。在低附加值产品生产的阶段，存在的是众多的劳动密集型产业，此时尚未完全普及初等教育，社会整体教育质量较差，社会、家庭对高等教育的期望值很高，职业教育并不受重视。而在那个时期，传统的学徒制度是知识和技能的主要传承方式。到了工业化阶段以后，大量存在资本技术密集型的产业，广泛生产工业产品是当时的社会潮流。为了培养一线生产技术工人，广大生产企业也开始重视对员工的培训，而那些专门从事职业教育的学校也得到了快速发展。到了重工业化和高技术产业发展阶段，经济发展的主流变更到了知识密集型产业，发展趋势呈现高端化。此时，几乎所有的企业，在重视对员工的全方位培训的同时，也注重对员工培训实行专门化的管理。

（3）职业教育和培训与国家发展紧密相连。在发展中国家，职业教育与培训内容方式比较专门且单一，而发达国家的职业教育与培训的发展趋势呈复合化。职业教育学校希望在企业的帮助下，为学生提供丰富和积累实践经验的机会，所以力图建立同企业更为密切的联系。越来越多的大型企业创办了自己的培训中心，不断变换着课程内容和培训方式，以此来适应制造业、服务业和其他产业更高技能人才的需求。

4. 终身性

终身性体现在，职业教育中体现为一个持续适应和响应经济发展与社会进步的过程，使每个人一生都在不断地接受职业教育、伴随职业教育，是职业教育发展的最终目标。

（1）职业教育是不断变化和向前发展的。由于经济的发展和科技的进步，世界上任何一种教育形式没有一成不变的，职业教育也不例外。在党的路线方针的指引下，各行各业面临又好又快地发展。在这样的新形势下，许多新的企业或经济组织不断涌现，而一些陈旧老化的企业被淘汰。总的来说，企业的数量越来越多，社会分工也越来越细化，也就会出现许多新的职业岗位。同时，许多过时陈旧的职业正在慢慢地消失，大量员工需要转岗。为了适应这种新变化，对我国职业教育进行改革势在必行。一方面，职业学校要加大力度进行全方位的改革，紧跟世界职业教育发展的脚步，大力兴办现代职业技术教育等，为现代企业多培养和输送高技能人才；另一方面，企业一定要更加重视员工的职业培训，加强领导和投入力度，通过开展针对性强的员工培训方案，不断提高员工的职业能力。

（2）职业教育是终身教育。一方面，职业教育将把全面提高学生的素质定为着眼点，通过多种形式逐步建立一种同普通教育相互渗透和沟通的机制。现代教育体现的是既有分流教育，又包含综合教育，同时在中小学教育中，渗透部分职业教育的内容，在职业学校中加强基础文化教育建设。此外，可以打通中等职业学校毕业生被普通高校招收，以及职业学校吸纳普通学校毕业生的通道。另一方面，大职业教育将是未来的职业教育趋势。就学校职业教育来说，在中等职业教育阶段，就不同产业、不同行业、不同服务方向实施综合性教育，以便学生在学校学习时可以自由选择，构建复合型智能结构，使学生在就业时有更大的适应性和选择性；在高等职业教育阶段，为适应经济技术结构变动对高级技能型人才的需求，要向综合化、高级化方向发展，拓宽专业服务面，培养复合型人才。就企业培训来说，企业对员工的培训必须更加重视，因为企业员工职业变动、职业技能更新的加快。同时，企业要为员工的职业生涯提供多种、多次接受职业教育的机会，员工培训要具有更大的灵活性、针对性和适应性。

总之，现代职业教育正在从"终结性"转向"终身性"，从单纯满足"就业需求"走向"创业需求"，职业教育的内涵从"职业预备教育"延伸拓展为"职业终身教育"。现代职业教育正日益成长为整个社会经济发展的重要基础，或为人类发展的重要手段和人生价值实现的重要途径。

第二节 现代职业教育体系

随着我国综合实力的不断攀升，现阶段我国中高等职业教育得到快速发展，职业教育体制不断完善，工学结合、校企合作日益深入。中职与高职的衔接，高职教育内专科和本科，甚至更高层级的教育通道正在构建，职业教育作为一种类型的教育得到了社会的认可。但是，随着社会的不断进步，我国职业教育的发展显现出一些问题，如体制机制不够健全，行业、企业参与不足，人才培养模式落后，层次结构不合理，专业设置与社会经济（产业）发展不够协调，以及职业教育体系不能适应经济发展产业升级的需求等。现代职业教育体系日益成为增强国家综合实力，促进产业经济发展的战略举措。因此，以现代教育理念和国际视野构建现代职业教育体系，是实现教育现代化，培养大批中高级技术技能型人才，提高劳动者素质，建设人力资源强国，推动经济社会进一步发展的必然选择。

一、现代职业教育体系概述

教育体系一般是指互相联系的各种教育机构的整体或教育大系统中的各种教育要素的有序组合。广义的教育体系，除教育结构体系外，还包括人才预测体系、教育管理体系、师资培训体系、课程教材体系、教育科研体系、经费筹备体系等。狭义的教育体系，仅指各级各类教育构成的学制，或称教育结构体系。现代国民教育体系包括普通教育和职业教育两类，初等、中等、高等教育各个层次，成人教育和继续教育各个阶段。

职业教育层次，是指各层次职业教育、多层次职业教育，包括初等职业教育、中等职业教育、高等职业教育（专科层次职业教育、本科层次职业教育、硕士层次职业教育、博士层次职业教育）等职业教育的教育层次。初等职业教育主要在农村，现在已经较少存在；中等职业教育是我国职业教育的主力军，包括职业高中、职业中专、技工学校和中等专业学校；高等职业教育已经形成了涵盖专科、本科、硕士、博士四个层次的相对完整的体系。专科层次主要为企业培养高技能型人才。本科层次主要分为应用型本科和师资型本科，应用型本科教育注重加强实践教学环节；师资型本科注重加强学生"双师型"能力建设。硕士层次包括专业硕士学位、中职学校教师在职攻读硕士学位和全日制职业技术教育学专业硕士生教育，应明确各自的培养目标、采用灵活的教育教学模式，加大实践教学环节。博士层次含专业博士学位和职业技术教育学专业博士生教育，应针对该领域重大实际问题，着力提升学位申请者对本领域的实际贡献，激发创新性成果的涌现。2019 年 8 月 30 日，教育部等四部门印发《深化新时代职业教育"双师型"教师队伍建设改革实施方案》（教师〔2019〕6 号）明确提出，建立中等和高等职业教育层次分明，覆盖公共课、专业课、实践课等各类课程的教师专业标准体系。

中国特色现代职业教育体系是一个服务于职前与职后以终身教育理念为特征和目标的复杂庞大教育系统。首先，以职前教育为在校生和未升学毕业生提供职业技能教育，这是现代职业教育的主要构成部分。这一阶段包括初、中、高三个层次的技术工人、中等程度技术人员与管理人员、高级技术技能人才。其次，继续教育和终身教育，这是现代职业教育的重要组成部分。这一阶段包含城市职业技术培训和农村技术人员培训与农业技术推广，城市职业技术培训除在职员工的全员培训外，尤其要重视下岗、失业、转业人员的培训。

现代职业教育体系在重视学校教育体系建设的同时，还应重视人才预测体系、师资培训体系、教育管理体系、专业与课程体系的建设。人才预测体系是直接关系职业教育发展规划，影响职业教育发展是否适应社会经济发展的基础工程。只有经过科学合理的人力资源需求预测，才能为劳动力市场提供各类符合需求的人才。师资数量与质量直接影响着职业教育的规模和人才培养质量，职业教育的职业性特征要求教师具备"双师型"素质，职业教育师资培养和在职培训及企业实践锻炼是一项系统性工程。职业教育师资的规划（预测）、培养、使用、发展与职业教育整体发展规模及社会经济发展需求密切关联，加强职业教育师资队伍建设，是现代职业教育健康发展的战略选择。

职业教育学制结构是职业教育体系构成的一个重要部分，职业教育学制是指一个国家或地区各级各类职业学校机构或组织的体系及其管理规则。早在 1922 年学制（又称壬戌学制）中，职业教育就已得到重视。该学制在初等教育高级段设立职业科，让小学毕业生掌握一定的生产技能。中等教育分为两个阶段，均设有职业学校，高级中等教育除普通教育外，设有农业、工业、商业、家事等科，兼顾升学和就业。该学制增加了职业教育的分量，但在高等教育段没有专门设立职业教育。我国现行职业教育学制是在 1995 年《中华人民共和国教育法》规定的学制基础上不断改革形成的，1995 年《中华人民共和国教育法》规定的学制还设有成人初等学校、成人中等学校（初中、高中），直至成人高等学校，成教系列完备。中等教育阶段设中等专业（技工）学校，含五年制学历；同时还设有农业职业中学。高等教育阶段设置高等职业教育，为专科学历，招收普通高级中学毕业生和少数优秀职业学校毕业生。在此基础上，现行学制力图在高等教育阶段实行分类办学，打通职业教育"中高本"的学历通道，使得高等职业教育也可以开展本科甚至更高层级的教育，并且中等职业教育的毕业生可以直接升入更高层次的职业教育机构进行深造。

二、现代职业教育体系的构建

职业教育服务社会经济发展，服务区域产业转型升级，是通过培养适应发展需要的人才来实现的，社会经济发展对应用型、技术技能型人才的需求决定了职业教育发展的方向，也是确立职业教育体系和结构的根本依据。当前，我国进入全面建设社会主义现代化国家的新阶段，经济转型升级对大国工匠、能工巧匠的人才需求更加紧迫，对职业教育高质量发展的要求更加凸显。中共中央办公厅、国务院办公厅印发《关于推动现代职业教育高质量发展的意见》，科学回答了"新时代要发展什么样的职业教育、怎样发展职业教育"这一重大课题，为探索中国式教育现代化、推进职业院校立德树人提供了行动指南和路线。加快发展现代职业教育是党中央、国务院作出的重大战略决策。面向生产服务一线，培养高素质技术技能型人才，建立现代职业教育体系，是促进现代职业教育服务转方式、调结构、促改革的制度性安排。

（一）现代职业教育体系的构成

现代职业教育体系是在现行学制体系的基础上，按照"加强统筹、分类指导"的原则，统筹发展各级各类职业教育，实现学校教育和职业培训并举，推进中等和高等职业教育衔接，优化高等教育结构，实现"中高本"职业教育一体化。现代职业教育高质量发展的根本目的是为中国特色社会主义伟大事业培养合格的建设者和可靠的接班人，是坚持立德树人，着力培养高素质技术技能型人才。现代职业教育的层次结构分为以下三个方面。

（1）初等职业教育。初等职业教育侧重在有需要的地方开展实用技术技能培训。

（2）中等职业教育。中等职业教育着重开展基础性的知识、技术和技能教育，培养技能型人才

（3）高等职业教育。高等职业教育在办好现有专科层次高等职业（专科）学校的基础上，发展应用技术型高校，培养本科层次职业人才，高等职业教育规模占高等教育的一半以上，本科层次职业教育达到一定规模。这是我国职业教育发展史上的一次重大突破，系统构建了从中职、专科、本科到专业学位研究生的完整的培养体系，满足各层次技术技能型人才的教育需求。现代职业教育在办学类型方面，提出了政府、企业、社会共为办学主体，构建公办和民办职业院校共同发展的职业教育办学体制，政府实行统一的准入制度。规划提出增加非全日制职业教育在职业教育中的比重，改革学制、学籍、学分管理，实行工学交替、双元制、学徒制、半工半读、远程教育等多种学习方式。职业院校可以同时开展学历职业教育和非学历职业教育。现代职业教育体系规划还构建了职业教育的终身一体系统，包括职业辅导教育、普通教育学校要为在校生和未升学毕业生提供多种形式的职业发展辅导；职业继续教育为劳动者终身学习，增强了职业教育体系的开放性和多样性。

（二）现代职业教育体系的特色

在我国全面推进职业教育现代化的进程中，产教融合、校企一体化充分体现出了现代职业教育的本质特征，既是一种职业教育的方法，也是实现现代职业教育理念的实践平台。产教融合、校企一体化有机地将教学与平台、理论与实践、方法与内容紧密地结合起来，有效破解了职业教育校企合作、工学结合"两张皮"的瓶颈。在一定意义上，产教融合、校企一体化的实践程度已成为反映一所职业院校办学现代化水平和内涵建设的重要因素。由于产教融合、校企一体化是一个主体多元化联合平台，受到学校内外多种因素的制约，在现代职业教育体系的实践中需要契合区域社会经济发展，突出区域特色、院校特色，使教育教学改革与产业转型升级衔接配套，校企协同，共同推进现代职业教育的发展。《关于推动现代职业教育高质量发展的意见》，明确了职业教育高质量发展的基本方针，是坚持产教融合、校企合作，实现工学结合、知行合一；明确了职业教育高质量发

展的关键环节，是深化教材、教师、教法的"三教"改革；明确了职业教育发展成效的判断标准，是以人民为中心、让人民满意，要坚持面向人民、因材施教，"让每个人都有人生出彩的机会"；明确了职业教育高质量发展的根本保证，是坚持中国共产党的领导，坚定社会主义路线。

三、现代职业教育体系实践模式的探究

职业教育培养技术技能型人才必须且只能通过实践实训获得，实践实训、工学结合是普通教育与职业教育的最大区别。高职的专业教学是在学校课堂和社会课堂（产业实践）中交互完成的。因此，校企合作在深度和质量对高职教育的质量具有决定性影响。我国曾经学习德国的双元制，美国、加拿大的 CBE 教学模式，但由于各国之间文化、政策、社会经济、人口等因素间存在较大差异，效果并不理想。根据我国的具体国情，探索具有中国特色、符合新时代发展的高等职业教育模式是各高职院校努力的方向。

近年来，各高职院校不断创新职业教育办学模式、教学模式，力图通过厂校内在的结合和统一，解决校企合作的教学实践问题，使职业化认知、专生化技能训练、技术化能力养成等得到有机融合。产业、市场、教育三者找到自身发展的共性规律，破解校企深度合作难题，实现教育与产业、学校与企业、专业与岗位的良性互动。校企一体化是在市场机制作用下各利益相关者长期博弈、合力推动的结果，政府、学校、行业、企业是校企合作中重要的利益相关者，他们以市场为契约，利益共赢为目标组成利益共同体，通过人才培养这条纽带，满足各自的利益需求。

（一）校企一体化办学模式探索

校企一体化是高职教育关注的一个热点问题，是职业院校与行业、企业共同探求学校教育与企业生产之间相融互化、互利共赢的结合因素，通过机制构建来维系、保障双方的利益。

通过一体化构建使学校主体的"教"与企业主体的"产"相互融合，这种融合需要各参与主体内在的主动性，这种主动性以利益追求为驱动，以契约为纽带，以共有平台为依托，形成你中有我、我中有你的格局。各学校实事求是，构建"五位一体"联动机制，形成各主体合作的长效机制。"五位一体"主体包含以下几个方面。

（1）政产学研市，即政府、产业（行业、企业）、学校、科研机构、市场。政府体现办学方向，对项目和经费的主导性。

（2）产业体现全面参与学校教育过程的引导性。

（3）学校体现育人服务和社会服务的主体性。

（4）科研机构是"五位一体"联运机制质量的保障，也是"五位一体"的动因。

（5）市场是服务的起点和终端，承担评价与检验校企一体化人才培养质量的功能。

五个主体有机整合，形成一体化的"教育服务利益联合体"。通过利益互赢、责任共担、契约化管理，确保校企一体化模式下产教的深度融合。

（二）校企一体化教学模式探索

高职产教融合、校企一体化教学模式，是指高职院校与相关企业基于高技能专门人才培养，将教学性生产与生产性教学紧密结合，确保校企利益双赢的运行机制和方法。从高职院校与企业深度融合的体制机制着手，探索产教融合、校企一体化的教学规律。

校企一体化教学模式以专业建设与课程建设改革研究为切入口，探索企业全面参与学校人才培养过程的规律和校企协同育人的实践路径。全面推行生产与教学、质量监控与评价为一体的教育改革，形成校企一体化的办学模式、产教一体化的教学模式、学做一体化的学习模式，注重学生的职业核心能力、岗位迁移能力和可持续发展能力的培养，实现毕业证、职业资格证、顶岗工作实习证"三证"并举，形成校企合作协同育人的"三三制"模式，从根本上提高教学质量，提升学生的职业技能。

（三）校企一体化实践平台的建设探索

破解产教融合、校企一体化中"教"与"学"有机融合的问题，需要搭建一个各主体共同参与的共有平台，才能针对教育主体的教学流程和生产主体的工作流程，通过节点关联和双方利益保障，推动一体化的形成，有效解决高职校企合作合作"一头热、一头冷"、产教貌合神离的困境。为进一步保障产教融合、校企一体化有效运行创建"学园城"一体化的新平台，其着力点可以"学园城"一体化的新平台为依托，着眼社会发展及其对应用型人才的需要，高职教育与地方经济建设、行业企业转型升级紧密结合，不断深化人才培养模式的改革。在此基础上，探索并形成了一套较为完整的共有平台运行机制，即建立教学生产共时、技术资源共享、课程体系共构、专业队伍共建、校企利益共赢的"一体化目标"平台机制，探索课程范式项目化、课程组织多样化、课程实践生产化、课程成果一体化的"一体化课程"。

（1）教学、生产共时，要求学校的实践教学计划及安排，要结合企业的生产时性，即企业安排学生的实践岗位要考虑与实践教学的计划与内容相联系。

（2）技术资源共享，是强调高职的人力、智力研发等优势与企业的生产、技术、市场化等优势充分结合，使之成为教育与生产共享的资源。

（3）课程体系共建，是把专业课程与专业核心能力结合，专家与行家共同为学生制定学习课程。

（4）专业队伍共建是优势互补、资源共享的重要体现，让合作专业的教师成为企业的技术顾问和产品研发的骨干，让企业的技术工人成为学生生产的实践指导教师，以提升校企双方专业团队的实力。

（5）校企利益共赢，是一体化所追求的最终目标。

教学平台与企业生产性平台的一体化，使育人与生产有机结合，校企责任共担，实现了产与教在过程上的深度融合，把职业教育融入产业，从而在根本上改变校企合作"两张皮"的状态，切实提高了人才培养质量。

第三节　高职教育概述

高等职业教育作为高等教育的一个类型，兼具高等教育的高等性和职业教育的职业性两个基本属性，这种属性决定了高等职业教育既要区别于普通高等教育，又要区别于职业教育及其他层次的教育，且要显现出高职教育自身的特色。这些特色的凸显将有助于培养高素质、高技能的应用型人才。

一、高职院校

高职院校的全称为高等职业院校，其以培养高素质技术技能型人才为目标。高职院校是进行职业技术教育的高等阶段，既不同于中等职业技术学校又不同于普通高等教育院校（包括普通的多科性学院和综合性大学）。

（一）高职院校的作用

1. 高职院校在高等职业教育中起着奠基石的作用

从高等职业教育（以下简称高职教育）体系内的层次关系来看，高职院校是高职教育的奠基石。高职院校对接中等职业教育（以下简称中职教育）为顶点，处于高职教育的起点。职业教育作为一种教育类型，由中职教育和高职教育构成，高职教育又包括专科层次的高职院校、应用型本科、专业研究生教育等层次。目前，随着应用型本科建设工作的推进，职工教育体系日趋完善，高职院校也不再是高职教育的终点，而是作为起点，去连接应用型本科以及专业学位研究生教育，因而高职院校是高职教育的重要奠基石，为高职教育打下牢固的根基。

2. 高职院校在整个教育系统中起着承上启下的作用

从整个教育系统的宏观视角来看，高职院校起着承上启下的作用。目前，高职院校是大多数初中、高中毕业生及中职学生进入高职教育体系的主要途径。同时，2022 年中共中央办公厅、国务院办公厅印发了《关于深化现代职业教育体系建设改革的意见》明确提出，深化职业教育供给侧结构性改革，坚持"以人为本"、能力为重、质量为要、守正创新，建立健全多形式衔接、多通道成长、可持续发展的梯度职业教育和培训体系，推动职普协调发展、相互融通，让不同禀赋和需求的学生能够多次选择、多样化成才；坚持以教促产、以产助教、产教融合、产学合作，延伸教育链、服务产业链、支撑供应链、打造人才链、提升价值链，推动形成同市场需求相适应、同产业结构相匹配的现代职业教育结构和区域布局。构建央地互动、区域联动，政府、行业、企业、学校协同的发展机制，鼓励支持省（自治区、直辖市）和重点行业结合自身特点和优势，在现代职业教育体系建设改革上先行先试、率先突破、示范引领，形成制度供给充分、条件保障有力、产教深度融合的良好生态。这既体现了高职院校发挥其在职业教育体系中特殊的地位，也体现了高职院校在整个教育系统中承上启下的作用。

（二）校企合作

校企合作是学校与企业建立的一种联合培养技能型人才的合作模式，

利用学校和企业两种不同的教育环境和资源，采取课堂教学与学生参加实训工作有机结合的方式，培养适合不同用人单位需要的具有职业素质和创导能力人才的教育模式。这一人才培养模式源于国外的合作教育。1906 年，美国俄亥俄州的辛辛那提大学工程学院赫尔曼·施耐德教授首次推出合作教育计划，27 名学生到 13 家企业参加实践学习，开创了课堂教学与工作实践相结合的学习模式，即最初的合作教育，标志着产学研结合模式的诞生。随后英国、澳大利亚等国纷纷借鉴美国的经验，开展校企合作。

我国开展校企合作教育最早是从 1958 年提出"教育必须与生产劳动相结合"开始的。20 世纪末，上海工程技术大学学习加拿大滑铁卢大学的经验，采用"一年三学期，工学交替"的办学模式进行产学合作教育试验，标志着我国校企合作引入阶段的开始。它的基本原则是产学合作、双向参与、互利互惠；校企合作实施的途径和方法是工学结合，顶岗实践；要达到的目标是提高综合素质，适应市场经济发展对人才的需求。

1. 校企合作的内涵

校企合作作为现代高职教育发展的基本途径，它的有效运行与实施是一项复杂的系统工程，涉及社会、行业、企业、学校、学生等关系和利益，最大限度地发挥校企合作功能，才能真正培养应用型技能人才。早在 2005 年，《国务院大力发展职业教育的决定》就提出要"大力推行工学结合、校企合作的培养模式"。广义而言，校企合作是指教育机构与产业界在人才培养、科学研究和技术服务等领域开展的各种合作活动。高职的校企合作就其核心内容而言主要是职业院校与企业在相关人才培养、培训中进行的合作，属于国际上通称的合作教育。因此，校企合作是以培养应用型技术技能型人才为目标，产学合作，校企双方共同参与，以工学结合、顶岗实践为形式的职业教育人才培养基本方式。

通过校企合作，学校能掌握企业对高职教育的人才要求，有利于合理设计专业结构，改革课程体系，制定人才培养方案，并充分利用企业的实践平台，培养学生的实践操作技能，开展师资培养与科研合作；企业则通过校企合作解决企业的管理、技术等问题，获得企业需要的高技能人才，为企业的转型升级服务。校企双方在实践教学场所、师资力量、社会服务、信息资源等方面实现互利共赢，促进职业教育的内涵发展。

2. 校企合作的内容

校企合作的内容包括多个方面，但所有合作内容最终都指向学生的实践能力培养。通过合作将学生在课堂上的学习与工作中的学习结合起来，将理论知识应用于实践之中，遵照"实践——认识——实践"的学习规律，以"做中学"和"学中做"的方式，学习与生产劳动相结合。通过与行业企业的全面合作，提升教学质量，提高学生的实践能力和综合素质。

（1）学生实践的合作。学校通过与企业合作的形式培养学生的实践能力。企业为学校提供实习实训基地、技术指导甚至资金支持，学校派出指导教师对实习全过程进行全面指导，使学生在生产线将所学的专业理论知识转化为实际操作能力。

（2）师资培养的合作。高职教师不仅要具备一个高校教师的基本能力，还须具备与职业教育相匹配的职业技能，既要传授理论知识，还要动手示范。因此，高职教师的基本要求是"双师型"的。但是目前职业院校教师的主要来源是高校毕业生，理论知识较为丰富，实际操作技能不足，缺少实际工作经历和行业背景。这就要求高职院校教师必须经历一个企业实践的过程，以提升教师的综合业务素质，校企合作是解决"双师型"师资的有效途径。让教师进入企业学习或挂职锻炼，扩大企业相关人员与学校教师的交流，实现教师专业化发展。

（3）专业与课程设置的合作。高职教育的一个重要功能是服务区域社会经济的发展，企业是人才需求的主体，专业必须为产业服务，专业设置影响学校的发展，因此，学校应与企业保持紧密联系，充分调查，了解区域社会经济发展的需要、行业企业的需要。调查区域内的经济结构、人力资源结构、就业结构，才能科学合理的设置符合社会需要的专业。不仅如此，学校还需要根据专业市场和人才培养规格的需要，调整专业课程结构，与企业合作共同开发课程，以保证教材理论性与实践性的紧密结合，反映企业生产岗位最新生产技术。在专业与课程设置方面校企共同合作，制定专业标准和人才培养方案，企业专业人员参与教材的编写，承担与实践相关的课程教学等。

（4）科研创新的合作。开展科研创新，实现科研成果的产业化是校企合作的又一个重要内容，学校拥有丰富的科研资源，企业则是科研成果的消费场所，校企产学研合作能加快学校的科研成果转化，直接融入市场和生产实践。

除此之外，校企合作的内容还包括利用高职院校资源对企业员工进行培训、校企共同办学（包括校内教学机构、校外培训机构等），校企共同举办实体，实行校企一体化实习实训等。

3. 校企合作的模式探索

为了促使高职院校与企业进行更深入有效的合作，各学校不断探索、创新各种合作方式和途径，形成了多种多样的校企合作模式。这些模式基本上都结合了各个学校的具体情况和本区域的社会经济发展实际，因地制宜，与时俱进，具有不同的特色和优势。校企合作由早期临近毕业时的实习、提前就业，逐渐延伸到高等教育前中期的全部实训和教学过程，让企业直接参与到人才培养的整个过程之中，学校邀请知名企业家、行业专家担任专业教学指导委员会委员，使校企合作有了长足的发展。

我国高职院校在校企合作的探索过程中，积极借鉴国外的合作模式，学习国外职业教育校企合作的成功经验。例如，德国的双元制模式，是一种以企业为主的模式，学校负责理论教学，企业负责技能培训，培训过程由行业培训协会监督并进行质量考核。其他成功的模式还有美国的合作教育模式、英国的工读交替模式、澳大利亚的 TAF 模式等。这些模式都对中国特色校企合作模式的形成产生过积极的影响。我国高职院校现有的校企合作模式种类繁多，新名词迭出，概括起来主要有以下几种。

（1）订单式人才培养模式。这种模式是学校与企业签订人才培养协议，按共同制订的人才培养计划组织教学，使学生在学校学习与在企业生产实践的两个阶段相互交替，并在毕业后让学生直接到企业就业。这种合作模式自出现之始就被迅速、广泛地在全国各个职业院校使用。如深圳职业技术学院以计算机辅助设计与制造专业为重点的先进制造技术专业群。根据现代企业对岗位和能力的要求，采取"定方向、定课程、定计划、定时间地点、定考核标准"的方式，为企业培训专业技术人才。

（2）校企实体合作模式。这是近年来比较流行的一种模式，包括建立校内教学实体（合作组建二级学院、系、专业、班等）、校内培训机构、股份制产业实体（实训基地）。企业通过设备、场地、技术、师资、资金等形式全方位参与，合作办学，并担任一定的管理职能（如企业负责人或代表兼任董事长或副董事长、院长或副院长等），分享办学效益。

（3）"2+1"或"2.5+0.5"模式。学生前两年或两年半在校内进行理论学习和生产性实训，最后一年或半年（大学三年级）到企业顶岗实习并进行毕业设计。其中"2.5＋0.5"模式几乎成为各类高职院校或中职院校共同采纳的培养模式。

（4）企业主导型模式。这类模式在民办高职院校中较为典型，大型企业根据发展的需要或企业发展战略的谋划，在办学中投入资金和设备，从服务社会需要、市场需要的角度出发，整合资源，合作办学。如浙江广厦建设职业技术学院、浙江横店影视职业学院、浙江汽车职业技术学院都是很好的实例。

（5）校企互动模式。学校和企业双向介入，把理论学习与企业岗位训练、实际工作经历有机结合。例如宁波职业技术学院模具设计与制造专业建设项目，利用各种形式的产学合作，努力实践"三位合、三方联动"的高职教育模式。先后与宁波著名大型企业和行业团体合作办学，共建实训基地，合作生产、开发技术，共同培养技术技能型人才。其中，宁波职业技术学院与宁波海天集团的产学合作模式被评为"2006年中国高校与大型企业合作人才培养十大典型案例"。

4. 校企一体化

随着我国高职教育的快速发展，校企合作不断深化，形式不断丰富和完善。校企一体化是校企合作的一种高级发展形态，是校企合作由浅层次走向深层次，由松散型走向紧密型的具体形式，是校企深度融合、共赢共创的新载体。如宁波城市职业技术学院通过引企入校，探索"公司制"校企一体化办学方式，建立企业分公司管理模式并进行运作，让学生以准员工身份参与工作过程并开展业务，解决商贸类专业工学结合问题。这是校企一体化的一种初级探索。浙江工贸职业技术学院自主创办三大园区，搭建校企一体的办学平台，建立校企一体化教育流程机制和利益多赢保障机制，形成了较为完善、成熟的校企一体化办学模式。浙江工贸职业技术学院整合多种校企合作方式，构建校企一体化平台。学院成立的三大园区（浙江创意园、温州知识产权服务园、省级国际服务外包示范园）为校企一体人才培养模式的实施提供了有力的支撑。在三大园区的招商过程中，将"全力支持学院人才培养和教学改革"作为企业入驻的必要条件。构建校企一体教育教学流程，将学院多个专业与园区企业进行对接，形成专业链与产业链、课业链与技术链、能力链与人才链的"一体化"；建立校企一体化实训基地，共建共管建立校企一体化课程开发、实施与评价，以及校企一体化运行体制机制等。

二、高职教育现代化与市场化的特征

社会经济的高速发展决定着与之相应的教育也需要共同发展，只有这样才能适应时代的要求，提供相应的文化或技术服务。高等职业教育从传统的职业教育形态向现代职业教育形态发展是历史的必然。这种转变集中表现在高等职业教育的观念、管理体制、办学模式、人才培养模式、教育内容和教学手段等方面。

为深入贯彻党的二十大精神，《关于深化现代职业教育体系建设改革的意见》要求，加快构建央地互动、区域联动、政行企校协同的职业教育高质量发展新机制，有序有效推进现代职业教育体系建设改革，积极打造市域产教联合体、行业产教融合共同体，建设开放型区域产教融合实践中心，建设职业教育信息化标杆学校，建设职业教育示范性虚拟仿真实训基地，开展职业教育一流核心课程建设，开展职业教育优质教材建设，开展职业教育校企合作典型生产实践项目建设，开展具有国际影响的职业教育标准、资源和装备建设，建设具有较高国际化水平的职业学校。

（一）高职教育的现代化特征

现代化是人类社会从工业革命以来由于现代生产力的发展而产生的社会各领域的深刻变革过程。现代化所表现的是科学技术发展的结果，以工业化、城市化、知识化、信息化，以及民主化、文明化为基本特征，渗透到了社会、经济、文化、思想各个领域。其中教育现代化使人获得了解放，"人"的现代化推动了人类社会的发展，促进了历史的进步。

早在 1985 年《中共中央关于教育体制改革的决定》就提出，教育必须面向现代化，面向世界，面向未来。教育现代化是社会主义现代化建设的基础，是实现中国梦的基本途径。高职教育现代化是教育现代化的重要组成部分，是推动社会经济现代化的重要基石。高职教育现代化是以形成现代职业教育观念为基础，构建现代职业教育体系，完善高职教育体制机制，并以现代化的教育内容和教育手段为媒介，为社会培养数以亿万计的现代化高素质技术、技能型人才的职业教育形态。

1. 树立现代化高等职业教育思想

高职教育理念体现在现代化的人才观、专业观、课程观和教学观等方面。人才观就是要坚持高等职业教育发展的基本方向，培养适应区域社会经济发展需要的高技术应用型人才，特别是面向生产服务第一线的高技术技能型人才。同时培养学生形成独立获取知识的能力，为学生的终身学习和继续发展奠定基础。树立素质教育和创业教育观念，培养学生创新创业的品质和精神，提高适应能力和竞争能力。

2. 教学管理现代化

管理现代化是推进高职院校现代化建设，全面提高教育质量的体制保障、机制保障和运行保障。教学管理现代化就是要以高职院校现代化发展战略为目标，确立现代教育管理理念，通过制度建设，治理体系建设，使教学管理计划、组织、领导、人员与现代科学技术、文化思想水平相适应，并借助信息化、网络化等手段，促进管理效益的提高。高职教育管理现代化的关键是师资队伍的现代化，要建设一支适应现代产业和社会经济发展需要的"双师型"师资队伍。

3. 专业建设现代化

高职院校专业建设不仅要适应区域经济发展的需要，还要遵照以就业为导向的原则，满足劳动力市场的需要。专业建设的现代化对高职院校的现代化具有决定性的作用。高职教育专业设置必须依据区域产业发展需要来确定和调整，服务区域特色产业发展。这就要求在进行专业建设的时候，学校要充分了解本区域的经济特征、发展趋势，密切与产业行业进行联系和合作，使专业设置符合本区域经济现代化发展。

4. 课程的现代化

课程是专业内涵与目标的具体体现，也是人才培养标准的具体反映。专业的现代化需要通过课程的现代化来实现。现代化的高职课程要及时反映新思想、新技术、新知识、新方法、新信息、新规范，突出对学生能力的培养，科学教育与人文教育并举。

5. 办学条件现代化

办学条件现代化是高职教育现代化的基础，是衡量一所学校现代化程度高低的基本标志。高职教育现代化必须重视办学条件的改善，如现代化的实验实训设施、多媒体教室、网络设施，符合现代化生产、管理、经营的校内外实习基地建设等。尤其是教育教学要充分运用信息化、网络化资源，以及现代教学手段与媒介，使学生在现代化的环境中潜移默化地提高技术技能与素养。

（二）现代高职教育的市场化特征

社会主义市场经济的逐渐完善使高职教育与市场的关系日趋紧密。长期以来，以行政权力配置资源的方式使高职教育陷于僵化，高职教育迫切需要对资源进行合理、优化配置，并形成资源优化配置的能动机制。

高职教育相对普通高等教育"准公共产品"的特性而言，其自身的特性和定位更倾向于"私人产品"，市场机制在高职教育资源配置中具有明显的社会效应，供需关系具有市场调节倾向。高等教育大众化是世界高等教育发展的必然趋势，高等教育大众化的一个重要特征就是利用市场机制合理配置教育资源。在社会主义市场经济条件下，高职教育市场化是高职院校发展的现实的迫切需要。政府明确提出要处理好政府与市场的关系，凡是属于市场调节的因素都会归于市场。

因此，对于高职教育，政府必然除宏观调控外，还将运用投资体制、市场准入等手段。特别是《国务院关于加快发展现代职业教育的决定》许可各类主体举办职业教育，经学合作方式机动灵活，对高职教育的市场化特色给予了国家政策层面的明确，也是对我国高等教育体制长期受计划经济制约的一次实质性改革，是对高等教育泛行政化改革的重大举措。

我国高职教育市场化是国际高等教育市场化的一个组成部分。20世纪80年代以来，国际上许多国家由于受公立教育僵化、效率低，教育竞争激烈等因素影响，教育市场化受到了欢迎，其中尤以职业教育表现突出。这些国家根据市场需求，引入了市场运作方式和竞争机制，推动了职业教育的发展。高职教育市场化要求在高等职业教育领域引入市场机制，形成以市场供需规律为基础的教育资源配置体系。在培养目标设定、专业和课程设置、师资队伍建设、实习实训、教学质量评估、招生就业等方面均引入市场机制，建立适应市场经济运行规律的高职教育管理体系，从而促进高职教育健康有序地发展，培养适应市场需求的高素质人才。

高职教育市场化的特征具体表现为高职教育投入与产出的市场化，即高职院校根据市场的需求，培养出适销对路的教育产品——毕业生，促使教学过程更多地考虑和贴近社会需求，在专业建设、课程设置、师资配备、招生人数等方面，越来越多地根据市场需求进行调整，体现出职业教育的社会功能与本质特征。从而催生以下环节的市场：专业和课程设置的市场化、师资队伍的市场化、教学质量评估的市场化、实训实习的市场化和招生就业的市场化。

三、职业文化导向的高等职业教育

（一）职业文化与高职职业文化

1. 职业文化

职业文化是社会文化的一种类型。文化是以环境为基础，以内化为目的熏陶人、教化人、塑造人的过程。职业文化是职业人在长期的职业活动中逐步形成的，它既受制于整个社会文化环境，同时又对其他文化具有辐射作用。它以职业人为主体，以职业行为为基本内涵，以职业价值观为核心，以职业制度规范和职业行为为载体，以职业习惯、气质、礼仪与风气为外在形态，是职业理念、职业态度、职业道德、职业责任等价值内涵的活化。

职业文化一旦形成，就会对职业人的职业心理和职业行为产生潜移默化的影响，并产生内在的约束作用。职业文化相对于企业个体而言，是行业文化，企业文化受职业文化的制约。职业文化可以分为广义和狭义两个方面，广义的职业文化是指涵盖现代社会众多职业、为广大职业人所普遍遵循的价值观念和行为规范；狭义的职业文化是指独特或相近职业的职业人应遵循的价值观念和行为规范。

2. 高职职业文化

职业文化的培养是高职人文素养教育的重要内容，是高职校园文化建设的核心，也是现代高等职业教育的根本特征。高职职业文化既要具有职业的文化特点，又要具备高等教育的文化素养，良好的职业文化是高职学生的核心竞争力。

这种文化心理的形成需要校园文化和企业文化的共同熏陶、感染，通过引进企业文化、介绍企业文化，更重要的是通过校企合作、工学结合，让学生走进企业感受企业文化，体验职业文化，在产教融合中使企业文化和校园文化在学生的身心行为中得到融合与升华，形成具有行业特色、企业特点的高职院校职业文化。职业化是高职院校校园文化的本质特征，也就是职业院校职业文化具有职业性。这种职业性体现在以下几个方面。

（1）职业院校构建职业文化是为了学生能够较顺利地适应工作岗位，并在工作中有所创造与发展。

（2）职业院校要与企业进行积极与有效的合作以更好地构建职业院校的职业文化，职业院校的职业文化源于企业与职业，融合于职业院校，服务于职业院校的学生。

（3）职业院校所形成的职业文化最终将实践于学生，促使学生有效地理解与融合职业文化，具备应有的职业素养、职业认知与职业发展观，使学生能够积极地适应工作氛围，有效发挥自身的作用，实现自身的价值。

高职院校职业文化的基本内涵主要体现为职业愿景、职业精神、职业道德、职业技术技能、职业规范和职业礼仪。

（1）职业愿景是以个人的职业兴趣为立足点，将职业发展与人生规划合二为一，使企业目标与个人追求得到有机的统一，是职业选择的前提。

（2）职业精神的内核是对职业的热爱，在实践中表现为对职业的敬、勤、精，并为此尽职尽责。

（3）职业道德是职业人必须信守的基本行为准则，诚实守信，忠于职守，遵守社会道德，敢于承担责任。

（4）职业技术技能是职业文化的基本特征体现，是职业文化区别于其他文化的标志，是职业个性和职业风格的外在形式，是职业人职业行为产生的内在决定因素。

（5）职业规范是从业者在职业岗位上必须遵守的制度、规则和要求等，是对职业人的明文约束。

（6）职业礼仪是在职业行为过程中约定俗成的律己、敬人的某种仪式、礼节。

职业文化一旦形成，就具有相对的稳定性、行业（群体）特色性、约束性和自觉性。高职院校在发展中要重视职业文化的建构，促使学生在走上工作岗位前就养成职业人所必需的基本职业意识和职业素养。

（二）高职职业文化的培养

高职职业文化的职业性特征决定了高职职业文化的培养必须与职业实践相结合，在实践中养成。

1. 在校企合作中培养高职职业文化

校企合作是高职教育人才培养的基本模式，也是高职学生认识和了解企业文化的重要途径。通过校企合作渗透企业价值观念，推进校企一体化课程改革，实现与企业的深度融合。学校既通过聘请行业企业的管理者、技术人员，使其走进校园，以讲座、兼课、指导学生实训、交流等方式，直接或间接地向学生介绍企业文化和企业理念，也可以通过校企深度合作，让学生、教师下企业，在企业的实践岗位上、在工学结合的过程中感悟职业文化，提升自身的职业素养。

2. 在校园环境建设中培养高职职业文化

校园是学生生活学习的空间，在校园文化建设中渗透职业因子，营造浓郁的校内职业文化环境和氛围，有利于学生职业人格的养成。因此，不仅要在人才培养方案、教学内容中融入职业文化教育内容，还要在学校物质环境如校园网、宣传栏、建筑景观等形式上设计职业因素，使学生在日常的社会环境中耳濡目染。

3. 把工业文化、商业文化融入高职职业文化

有研究显示，职业院校学生在跨越教育职业的鸿沟时，文化的冲突将成为这一过程的巨大障碍，将延长学生学习生涯向专业社会化转变的过程，亟须职业院校加大产业文化进校进程，为学生建立文化缓冲地带。

因此，要在高职教育中有意识地渗透工业文化和商业文化，在学生中普及产业文化知识、开展产业价值观教育，在思政教育、课程建设、教学实践中渗透产业文化因素，学校与行业企业进行经常性的文化合作与交流，促进学生产业文化素养的提升。正如前教育部副部长鲁昕所指出的，"把工业文化融入职业学校，做到产业文化教育、工业文化进校园，企业文化进课堂"。

高等职业教育要增强对社会的吸引力，靠的不是政府的资助和历史的文化馈赠，而是取决于自身人才的质量，取决于自身文化建设的软实力。高等职业教育利用职业教育的实践优势，提升学生的实践技能，赢得社会的认可，是提升自身价值的根本途径。高等职业教育文化建设的基本点是把企业文化有机地嫁接到职业院校文化中，使院校文化与企业、行业文化融为一体，形成"服务为本、职业情怀、经世致用、重技崇学、能力为本"的职业文化核心。

高等职业教育文化作为一种具体的文化形态，既具有大学文化精神，又具有职业文化的内涵与特征。在现阶段，高等职业教育文化是以就业为导向，以培养高素质技术技能型人才为目标，以工学结合、校企合作为培养途径，以职业文化为内在品质的高等教育文化。有研究者将以"人文关怀、理性追求、自由独立"为主要内涵的大学精神、以"职业情怀，经世济用，开放合作"为主要内容的职教规律和以"创业心怀，效能至上，和谐共赢"为主元素的经济理念，作为高等职业教育文化的三个来源，较准确地概括了高等职业教育文化形成的基本要素。

第二章 产教融合的认识与价值解析

第一节 产教融合的概念

一、概念

产教融合、校企合作是中国现代职业教育体系中一项极其重要的内容，也是高等职业教育的特质体现。高等职业教育的实施是一项复杂的系统工程，其教育性与经济性的双重属性决定了其在实施过程中，要实现教育与产业发展的紧密对接，实现学校与企业的密切合作，这也是世界高等职业教育发展的普遍认识。综观职业教育发达的国家，其共同特点和成功经验无不是职业教育与产业相互融合、相互促进，企业在人才培养中起到重要作用。

从研究的视角来看，产教融合可以追溯到 1995 年，江苏无锡市技工学校在《职业技能培训教学》（现改名为《职业》）发表文章《加强系统化管理不断提高生产实习教学质量》，首次提出了产教融合。该校在探索提高学生实习质量的过程中，提出"产教融合化"，即千方百计寻求与生产实习紧密结合的产品，以提高学生的质量意识、时间观念及动手能力。这里的产教融合，"产"仅是指产品，"教"仅是指生产实习教学，概念和内涵比较狭窄，与目前提出的产教融合概念有较大区别。自从这一概念提出后，很长时间没有再使用。直到 2007 年，《中国职业技术教育》《中国劳动保障报》对紫琅职业技术学院、青岛技师学院等院校进行报道时，使用了"产教融合"这一概念，但没有阐明其内涵。自此之后，越来越多的研究人员开始关注、研究产教融合，研究成果逐渐丰富起来。

从政府的视角来看，2011 年，教育部在《关于加快发展面向农村的职业教育的意见》中，首次提出了"促进产教深度合作"的要求。2013 年，党的十八届三中全会作出的《中共中央关于全面深化改革若干重大问题的决定》中提出："加快现代职业教育体系建设，深化产教融合、校企合作，培养高素质劳动者和技能型人才"，建设以产教深度融合为导向的现代职业教育体系已经成为我国职业教育改革发展的根本目标，产教融合的概念正式进入政府文件。

产教融合是校企深度合作的一种表现形式。不同于校企一体化在办学形式层面的融合，产教融合更多地表现为教学形态层面的融合或一体化。学校与企业无缝对接，校企共同参与研讨、制定实用性较强的专业人才培养方案，通过企业平台与市场接轨，构建以应用能力培养为出发点的人才培养体系。产教融合的基本内涵应该表述为：职业教育与经济社会发展相融合、专业设置与产业需求相融合、课程内容与职业标准相融合、教学过程与生产过程相融合、产业岗位职业环境与教学情境相融合，最终达到学生素质和技能与企业员工职业素质和技能一致的准员工培养目的。产教融合的具体环节包含：专业人才培养方案顶层设计、专业课程开发、专业实训基地建设、专业师资培养、专业教学模式设计等主要专业教学环节，以及生产管理与教学管理融合。

产教融合是高职教育发展的一个新命题，不仅其运行机制需要探索，其保障机制更需提前研究，如法规保障机制、督导评价机制、激励补偿机制等，缺乏保障机制的模式和创新终将是一种空谈。精选的企业，应在区域或行业有较大影响，并代表行业发展方向，同时对发展职业教育有效的理解、较高的参与兴趣和较强的需求意愿。深度的产教融合应建立在产和教的互惠互利和紧密联系的基础上，大胆地探索股份制、混合所有制的路子，特别是在学校的二级学院层面、专业层面，与企业、行业组织建立利益共同体。

（一）产与教

"产"，即产业；"教"即教育，可特指职业教育。产教融合是基于产、教，是由不同的两个国民经济部门而提出的。产业是在社会专业分工基础上形成的相对独立、相对稳定的行业或国民经济部门。产业有广义内涵和狭义内涵之分。从广义上讲，产业泛指一切提供劳务活动和从事生产物质产品的集合体，即从生产、服务、流通至教育、文化的国民经济的各行各业，小至行业，大到部门，都称为产业。从狭义上讲，产业是指生产物质产品的集合体，即工业部门。产业在世界银行等国际经济组织、国家宏观管理中被提到的往往是其广义内涵。在我国国家统计局印发的《三次产业划分规定》中，教育被列入其中。因此，从这个意义上讲，教育（含职业教育）作为国民经济的一个部门，也是一个产业。产教关系，实质上是除教育之外的其他产业与职业教育之间的关系。产教融合中的"产业"实质上是专指除教育之外的其他产业部门。从社会再生产的角度来看，由于社会分工，教育成了一个独立部门。同时，教育还是一个独立的经济部门，是从物质资料的再生产中独立出来的部门，这是生产力水平发展到一定阶段后的产物。教育与产业具有不同的社会功能。产业的功能是创造社会物质和文化财富，以满足人民不断增长的物质和文化需求。教育的功能是为产业在生产要素方面提供人力资源，即企业是社会再生产中的主体，教育应为企业需求服务。职业教育作为教育的一种类型，肩负着为企业培养生产、建设、管理及服务的一线技术技能型人才的重担。职业教育与产业分别是社会再生产链中的一个部门，各自发挥不同的功能，承担不同的社会责任，同时又相辅相成、协同合作，并与其他部门一起共同推进社会再生产的协调有序发展。

（二）产教融合与产业融合

职业教育与产业属于不同的国民经济部门，具有不同的性质，这决定了它们的行为方式有所不同。根据公共经济学理论，职业教育属于准公共产品，具有较强的社会外部性，同时具有公益性，即职业教育不以营利为目标，旨在满足社会大众的需要。不同于教育产业，其他产业提供的是私人属性的物品，其生存发展的首要和必要条件是营利。由于职业教育与其他产业具有不同的性质以及行为目标与方式，这决定了产教融合与产业融合的性质不一样。

产教融合，即产业与教育（本书特指高职教育）融为一体，其基本标志是产生新的产教融合体。比如：高新技术及其相关产业，如数字技术、物联网、人工智能等渗透至职业教育和培训领域，形成新的产教融合体，又如 E2E（Educator to Educatee）教育平台和在线教育（e-Learning）。产业融合是不同的概念，欧盟对产业融合的定义是"产业联盟和合并、技术网络平台和市场三个角度的融合"。比如：智能手机就是产业融合的产品，它将通信、物流、金融、文化等产业融合为一体。

（三）产教融合与产教结合

产教融合的中心词是"融合"，因而有利于区别产教融合与产教结合，两者的内涵有很大不同。在中文语境中,"结合"与"融合"是两个不同含义的词语,"结合"是指事物或人之间发生的密切联系,"融合"是指两种及以上的不同事物合为一体。《华阳国志·汉中志》中记载溶县"居水出屠山,其源出金银矿,洗,取火融合之,为金银"。也即,融合是指像熔化一样融为一体,即多种不同的事物融成一体。融合的结果是形成了新的增长点或新的融合体。a与b"融合"之后,既不会是最初的a,也不会是最初的b,而是产生了新的c。

"结合"与"融合"两个概念的不同含义,还体现在事物联系的深度上,"结合"是指相关的事物或人之间松散地联系在一起,并不一定会引起"质变"和"增量",最多发生"量变",这种"量变"可以因为一些共同的利益而存在一定的联系,也会因为外界环境的变化或共同利益的消失而随时中断或疏远;"融合"是指相关的事物或人之间发生"质变",能形成新的融合体,这种新的融合体在内容和形式上大多有异于原事物,能发生质变而提升。

不过,两者之间又有共通性。不管环境如何变化,新的融合体都会与原事物之间产生丝丝缕缕的联系,都承担相应的责任。任何形式的"融合",都是以"结合"为前提的,只有建立在良好"结合"的基础上,才能最终达到"融合"的效果。可以说,"结合"是"融合"的基础,"融合"是"结合"的深化。

(四)产教融合与校企合作

产教融合是在校企合作的基础上形成的。这种融合重在开拓和发展合作的途径,而不仅限于有一定程度的、局部的合作。它在合作内容上超越了校企合作的范围,实现了全方位合作;在合作深度上大大深化了合作内涵,在许多环节实现了深度合作;在合作渠道上实现了多元合作;在合作方式上不断开拓合作关系、创新方法。从教育教学过程对全部的教学环节进行考察可以发现,产教融合是将产业的诸多因素(如企业因素、岗位因素、职业因素、能力因素等)渗透职业教育教学的各个环节。如果说产教融合也是一种校企合作,那么这一合作关系与传统的校企合作相比发生了根本性的变化。产教融合是一种高层次的校企合作,具有更加丰富的内涵、更加紧密的合作纽带,对教学和整个人才培养模式产生更加深刻的影响。

校企合作与产教融合的根本区别是,校企合作强调的是学校和企业两个主体的合作，产教融合则是强调企业因素向职业教育办学和教学的注入。在这一阶段，学校和企业之间在形式上的合作不再是主要因素，而是把企业的要求和因素融入学校教学、办学的全过程中。也就是说，即使在一些办学环节没有企业的直接参与合作，产教融合的特征照样可以凸显出来。例如，一些职业院校规划建设的校内实训基地，企业并不直接参与规划和建设，但学校会注意按照企业的生产组织形式和环境设计要求来建设基地，还会引入企业的运行方式来优化基地的运转，这样的建设思路和方法都强调了产教融合。可见，产教融合并不注重学校和企业在形式上、表面上的合作，而是注重在办学思想和教育教学实施的方法上强调企业的因素，是从思路和理念上关注生产与教育的结合，并把这些思想渗透于实践中。

需要强调的是，校企合作是产教融合的前提和基础，没有稳定的、深度的校企合作，产教融合的基本渠道就会断裂。将校企合作与产教融合刻意分割，认为可以相对独立、互不关联的想法，是违背事物发展基本逻辑的。产教融合在以下几个环节表现得极为突出。

1. 专业和课程建设

传统的校企合作对专业和课程建设产生一定影响，但并不产生根本性影响。产教融合与之相比有两个特点：第一，在产教融合层面上发生的校企合作是在专业和课程建设的始终，而不是在某一环节。在此层面，企业通过专业人员的参与、企业与学校合作项目的建设，直接形成从专业和课程开发环节到实施环节、保障环节的合作。在专业设置和课程开发伊始，企业的因素（如对岗位技术的要求、素质的要求、设备的影响、岗位迁移的趋势等）都已经作为专业和课程建设必须考虑的因素。企业人员直接参与专业和课程的设计与安排，保证了企业影响的有效性。第二，在产教融合层面，大量的企业岗位因素和环境文化因素进入课程。而传统的校企合作在这一环节上，一般通过增加一定的附属课程来实现。这些附属课程虽然充分体现了企业的影响，即游离在整个课程外，不对课程产生很大影响。

2. 教学方式

传统的校企合作不对教学方式产生明显影响，因为在这一阶段，一些采用实践教学方法的课程是在课程主体之外的附属品。在产教融合阶段，企业已经渗透教学的全过程，一些具有革命性的教学方法产生了重大影响。在专业课程中，以实践教学、学用结合为特征的教学方法占据了重要地位。

这些方法在传统的校企合作阶段，在有限的课程教学中是不可能得到发展的。例如，在当前专业教学中经常采用的一些比较成熟的实践教学方法，都是在企业参与的直接推动下形成并趋于成熟的。团队式教学直接来自企业生产中的团队合作，可以说是来自企业的生产环境。任务式教学则直接来自企业生产环境下的师徒制教学方法，在一个任务的引导下完成教学任务，在任务实施的过程中、在解决问题的过程中学习知识和技能。课题式教学来自企业技术攻关，是带着问题研究的一种方法。学生是在知识不具备的情况下，通过对课题的研究、攻关来学习。可以说，只有在产教融合的层面上才真正实现了教学方法的革命。在此层面还实现了一项重大创新，就是在技能比武与竞赛中实施教学，这是一种针对关键目标集中进行实践教学的教学方法。这一教学方法也被大量运用在生产性实训教学中。

3. 教学组织形式

在产教融合层面，教学组织方式的变革比传统的校企合作深刻得多。由于要根据企业的要求组织教学，大一统的教学组织形式则不再适合新的要求。根据企业的要求有针对性地进行人才培训，直接引发了订单班培养模式的产生。订单班是根据企业要求进行定位培养，即把一些学生组织起来，根据企业的要求进行培育，毕业后直接送到对口企业就业。这种订单制作、量体裁衣的方法打破了传统的统一教学管理模式，有利于把企业的因素迅速、完整、有效地吸收到教学中。在产教融合层面，也产生了一整套校内实训的组织与教学模式。在传统的校企合作阶段，学校也有一定的校内实训教学，但是一般采用传统的教学方式。

在产教融合阶段，由于企业的参与，可以把企业的环境、生产组织方式引入学校实训环境，这就产生了一些创新型的组织形式，如"三班制""预顶岗"等。在这一阶段，还产生了适应企业需求的实习模式。在计划经济体制下，学生实习作为任务分配到企业，企业必须承担这一义务和责任。而在市场经济体制下，企业不再承担此义务和责任，学生到企业实习必须征得企业同意，这就要求学校根据企业的需求来安排实习，使企业和学生的利益都能得到兼顾。例如，在一些职业院校形成极富创新的实习模式：公路运输管理专业基于运输高峰周期的"旺入淡出，学做交替"模式；水运管理专业基于认知、见习、顶岗的"锯齿型"工学交替模式；基于物流企业真实生产任务的轮流顶岗实习模式；适应智能交通岗位职业能力的"进阶式"工学交替模式；适应电子企业岗位任务的"轮流顶岗，学做合一"

模式等。

4. 教师队伍建设

与低层次的校企合作相比，产教融合对教师队伍的要求是以实践教学、技能教学等具有职业教育教学特点的活动为出发点，在对教师素质和队伍结构新的认识基础上形成的，由于在普通教育领域是进行学科知识的传授，专职教师可以承担全部的教学任务，而在职业教育领域，实践知识和技能的要求使专职教师不容易承担全部的教学任务。所以，职业教师队伍的建设是通过产教融合的平台来完成的。

从整体上来看，产教融合与教师队伍建设的关系有两个方面：一是产教融合的程度是教师队伍建设的基础；二是教师队伍建设是产教融合水平的重要条件。

就产教融合的程度是教师队伍建设的基础而言，有两个原因：其一，提高专职教师的技能素质和生产经验，主要途径是到企业的真实生产环境中进行学习、体验。而教师要进入企业完成学习任务，就必须以企业愿意接受教师进入车间并愿意提供相关技术岗位为前提。这一前提的实现取决于学校和企业的产教融合程度。其二，改变教师队伍的结构，使学校能够在教师队伍中保持一个稳定的、由企业技术人员组成的兼职教师比例。就此而言，几乎产学合作的一切重要项目，都要以教师队伍的建设为条件。如教学项目、科研项目的开发等，都需要高质量的、结构合理的教师队伍作为支撑。

5. 实习实训环境建设

产教融合的教育教学把实习实训环境作为重要的外部条件给予特别关注，这是因为职业教育产教融合的本质是要培养具有高素质、高技能的职业人才。所谓高素质是指高水平的职业素质，所谓高技能是指岗位操作技能和管理技能，它们都需要在一个真实或仿真的环境中才能有所掌握。实习实训环境就是要在学校内或有条件的企业中建设一个利于实现职业教育教学目的的环境。

同样，实习实训环境的建设也需要产教融合的基础，即只有企业与学校共同建设的实习实训环境，才能可能成为能够完成教学任务的优质环境。在这样的合作中，企业既可以通过参加建设企业的岗位因素、技术因素、环境因素引入到教学环境中，形成仿真的环境，也可以在自己的生产车间提供一定量的技术岗位，与学校共建真实的实习实训环境。

二、产教融合的特点

产教融合在国内和国外经过了多年的发展取得了一些经验，在梳理国内外产教融合发展经验的基础上可以总结出所具有的一些特点。通过文献梳理和国际经验对比可以，发现德国的双元制、美国的合作教育模式以及英国的工读交替模式都非常值得学习。我国在产教融合方面也取得了一些成绩，早期的产教融合以校企合作的形式存在，其中几个典型模式分别是"学院＋创业中心区""专业＋大型企业""专业＋龙头企业＋企业联盟""专业＋校办企业""专业＋行业协会"等。上述五种模式都是职业院校结合当地经济发展而创造出来的，具备了初步的产教融合特性。

这些模式都不同程度地促进了高等职业教育的发展和产教融合的深入，但主要侧重于产、学结合，结合的内容没有达到产教融合的广度，也没有体现高等职业教育的高度和校企合作的深度，整体生态不能达到产教融合的效果，其成功经验也难以推广和复制。为适应社会主义市场经济中产业结构的不断调整和变化，高等职业教育的产教融合必须是行业、产业、企业和高职院校等多方主体活动特点的融合和体现，并具有新的特质和功能。

（一）立体式融合

社会主义市场经济追求的是多元化，产教融合服务于社会主义市场经济，所以其发展的路径也必然要受到社会主义市场经济的影响。产教融合在发展中也更加注重立体式的融合。立体式融合区别于平面融合，从融合的层次来说，校企合作属于层次比较低的融合，也就是平面融合。产教融合是高层次的融合，可以说是立体式的融合，它打破了原有单一合作或双项合作的局限，在产、学、研三个方面进行全面、深入的合作，融合后的组织结合了生产、教学和科研的特点，不仅自身是生产的主体，具有企业创造经济效益的功能，而且能提供产业发展需要的专业技术人才，为产业的可持续发展提供源源不断的智力支持。通过对比产教融合培养出来的人才与传统模式培养出来的人才，就可以发现二者存在着比较大的差异，产教融合模式下培养出来的人才具备更强的可持续发展能力。从另一个角度来说，企业的需求也能为学校的教育教学改革提供方向和目标，保证了高职教育能够满足行业的需求。融合的组织能科学配置内部资源并开展基础研究、应用研究和开发性研究，为产业发展提供有力的技术支持，为学校教育内容的更新提供最前沿的信息资源，保证了教育与时俱进。三者融合在一起，形成一个良性的循环体系，开展教学、科研、生产等服务活动，在促进内部发展的同时，不断向外辐射，发挥其更大的社会效应和作用。这种立体式的融合，对于经济发展和社会进步具有着非常重要的助推价值，反过来也促进了教育的发展和进步。

（二）社会主义市场经济产业化发展的融合

社会主义市场经济产业化发展是指某种产业在社会主义市场经济条件下，以行业和企业的真实需求为导向、以实现效益为目标、依靠专业服务和产教融合的水平管理形成的系列化和品牌化的经营方式和组织结构。其基本特点是：面向市场、行业优势、规模经营、专业分工、相关行业配合、龙头带动、市场化运作。

对于不符合市场需求的项目，要遵循市场进退机制，及时终止不必要的投入，避免产教融合运作过程中机制的片面性。所以，社会主义市场经济产业化发展的产教融合是一种面向市场需求的融合，在产、学、研三个方面做大效强，分工合作，强强联合，能创造出良好的市场发展前景，具备其他组织无法复制的竞争优势，形成自己的品牌效应，在市场中具备核心竞争力，并且能形成一定的规模，带动其他合作项目不断深入发展，严格按照市场规律来开展活动。

（三）以企业需求为出发点

教育是以培养人才为主要目标的，早期的教育在人才培养中不是十分注重与企业之间的对接，产教融合在培养目标方面领先于传统的教育，且产教融合的出发点是企业的需求。企业参与到人才培养的全过程之中，能够将自身的需求以最大化的形式表达出来，并且在课程设计中逐项满足。传统的高职教育在产教融合实践过程中，搞形式、走过场、学校"一头热"的现象并不少见，每所高等职业院校在产教融合实践中都会遇到这种现象。通过分析可以发现，导致这种现象出现的原因很多，主要是双方在合作的早期并未找到能够让彼此共赢的路径。而很多企业迫于政策的压力或是学校的单方意愿，在没有找到双方合作的需求点时就盲目开展形式上的校企合作，合作之前双方缺乏严谨的调研。

这样的产教融合违背了社会主义市场经济的需求导向，不可能产生有益的效果。真正实现产教融合的组织，能够以企业、学校和相关合作部门的需求为前提，结合各种市场正在发生的变化，明确市场的供需状况，确定各自的实际需求，寻求利益结合点开展相关合作，在满足自身需求的同时，能为市场的供给和需求的均衡做出一定贡献，并能根据供给和需求的均衡变化，调整自己的需求发展战略，这样不仅解决了合作的随意性、被迫性问题，也提高了合作双方的积极性与主动性。

（四）多主体管理的融合

产教融合就是一个重新确立组织主体地位的过程，也是在社会主义市场经济条件下产教融合活动获得法治保障的关键要素。以往很多的校企合作活动难以实现产教融合的关键原因，主要还是在于没有明确各个主体之间的权利和义务关系，关系的不明确导致了合作出现问题，从而影响了校企合作的发展。产教融合的主体正在悄然之间发生着变化，已经从学校转移到了企业和行业，这种变化既与当前的社会发展有关，也与教育的进步有关。正是基于此，在有效地产教融合组织中，学校、企业、政府、行业协会等分工合作、共同管理，在开展任何活动前，都应明确各自的权利和义务，并对其后果承担最终的法律责任。这样不仅可以增强企事业单位对此项工作的责任意识，发挥其主人翁地位，也可以让学校和合作单位在此项活动中的管理工作更为合法、有序，避免了产教融合管理工作的凌乱性。

第二节　产教融合的理论基础

一、陶行知的"教学做合一"理论

陶行知先生是我国现代著名教育家、思想家，在留学过程中师从杜威、克伯屈等美国最具影响力的教育家。他在回国之后，便积极地将其在美国所学习到的先进教育思想与中国当时的国情结合起来进行了教育工作。

终于在1926年，陶行知先生开创了自己的生活教育理论。陶行知先生提出了三大教育理论，即"生活即是教育""社会即是学校""教学做合一"的教育理论。而"生活即是教育"则是重中之重。在陶行知先生看来，教育如果脱离了生活，那么教育就是死的，没有生活作为中心的学校教育是一种死的教育，他的生活教育理论在当时中国社会中的反传统与反对旧教育中具有非常重要的意义和作用。他的"教学做合一"理论深刻地批判了旧社会教育中所存在的不足之处，同时给出了相应的具体解决问题的办法和方式。这种教学理念的改革和践行对于当时的社会来说具有非常好的作用。同时，他亦强调，教学应该同实际的生活方式结合起来，这就需要教师们运用好新的教学方式，根据学习的方法来进行教学。教与学都应该以做为中心，做才能够让学生们获得全面的知识能力。

陶行知先生的理论基础，在以市场需求为导向的产教融合培养学生的模式下同样适用。"生活即教育"用五个字明晰地体现出了知识结构与市场以及社会发展同步的理念。对当今部分地方职业院校的应届毕业生出现综合素质能力低下、职业意识缺乏、动手能力比较差的现象，解决办法是：在借鉴陶行知先生的理论基础之上，使学校所传授的知识能够适应社会经济发展的需求。"生活即教育""社会即学校"和"教学做合一"是陶行知生活教育理论为三个基本命题，符合教育发展的趋势与规律。对当时及现在的教育都有着很强的指导意义，是一种实践教育学说及社会改革学说。

（一）生活即教育

"生活即教育"是陶行知生活教育理论的核心。在陶行知先生看来，教育和生活是同一过程，教育蕴含于生活之中，教育必须和生活结合才能发挥作用，应该把教育与生活融于一体。"生活即教育"的核心内容是"过什么生活便是受什么教育"。陶行知先生认为，人们在社会中的生活不同，因而所受的教育也不同，"过好的生活，便是受好的教育；过坏的生活，便是受坏的教育，过有目的的生活，便是受有目的的教育"。他还指出："生活教育与生俱来，与生同去。出世便是破蒙，进棺材才算毕业"。可见，陶行知先生所说的"教育"是指终身教育，它以"生活"为前提，不与实际生活相结合的教育就不是真正的教育。他坚决反对没有"生活做中心"的死教育、死学校、死书本。

陶行知先生认为，"生活主义包含万状，凡人生一切所需皆属之"。"生活"不是人们通常狭义的理解，而是"包含广泛意味的生活实践的意思"。"生活"是包括整个自然界和人类社会生活的总体，是人类一切实践活动的总称。"生活即教育"就其本质而言，是生活决定教育，教育改造生活。具体而言，教育的目的、内容、原则、方法均由生活决定；教育要通过生活来进行；整个的生活要有整个的教育；生活是发展的，教育也应随时代的前进而不断发展。教育改造生活是指教育不是被动地由生活制约，而是对生活有能动的促进作用。生活教育的实质体现了生活与教育的辩证关系。陶行知先生认为："在一般的生活里，找出教育的特殊意义，发挥出教育的特殊力量。同时要在特殊的教育里，找出一般的生活联系，展开对一般生活的普遍而深刻的影响。把教育推广到生活所包括的领域，使生活提高到教育所瞄准的水平。"

（二）社会即学校

"社会即学校"来源于杜威的"学校即社会"，是在对杜威教育思想批判的基础上得出的。陶行知先生认为，在"学校即社会"的主张下，学校里的东西太少，不如反过来主张"社会即学校"，教育的材料、教育的方法、教育的工具、教育的环境，都可以大大地增加，学生、教师也可以多起来。"社会即学校"是与"生活即教育"紧密相连的，是"生活即教育"同一意义的不同说明，也是它的逻辑延伸与保证。因为生活教育的"生活"是社会生活，所以"整个社会的运动，就是教育的范围，不消谈什么联络，而它的血脉是自然相通的"。

"社会即学校"的根本思想是反对脱离生活、脱离人民大众的"小众教育"，主张用社会各方面的力量，打通学校和社会的联系，创办人民所需要的学校，培养社会所需要的人才。真正把学校放到社会里去办，使学校与社会息息相关，使学校成为社会生活所必需。因此"社会即学校"的真正含义就是根据社会需求办学校。从教育内容上而言，人民需要什么样的生活就办什么教育；从教育形式上而言，适宜什么形式的学校就办什么形式的学校。"社会即学校"不是学校消亡论，而是学校改造论，改造旧学校以适应社会发展的需求。

（三）教学做合一

"教学做合一"这是生活教育理论的教学论。"教学做合一"用陶行知先生的话说，是生活现象之说明，即教育现象之说明，在生活里，对事说是做，对己之长进说是学，对人之影响说是教，教学做只是一种生活的三个方面，不是三个各不相谋的过程。"教学做是一件事，不是三件事。我们要在做上教，在做上学"。他用种田为例，指出种田这件事，要在田里做的，便须在田里学，在田里教。在陶行知先生看来，"教学做合一"是生活法，也是教育法，它的含义是教的方法根据学的方法，学的方法要根据做的方法，"事怎样做便怎样学，怎样学便怎样教。教而不做，不能算是教；学而不做，不能算是学。教与学都以做为中心"。由此他特别强调要亲自在"做"的活动中获得知识。

值得指出的是，"教学做合一"的"做"与杜威"从做中学"的"做"是有区别的。首先，陶行知先生所说的"做"是指"劳力上劳心"，反对劳力与劳心脱节。其次，这个"做"亦是"行是知之始"的"行"。陶行知先生指出："教学做合一"既以此为中心，便自然而然地把阳明、东原的见解颠倒过来，成为"行是知之始，重知必先重行"，他认为"有行的勇气才有知的收获"。可见陶行知先生的"做"是建立在"行"的基础上，是以"行"求知，强调"行"是获得知识的源泉。这些见解在认识论上具有唯物主义因素，因而"教学做合一"和主观唯心主义为"从保重中学"就有了区别。但是陶行知先生所说的"行"与我们现在所讲的实践还不同，他所说的"行"还只是个人狭隘的、琐碎的活动。

陶行知先生特别重视生活教育的作用，他把生活教育当作改造中国教育、社会的唯一出路。在陶行知先生看来，有了生活教育就能打破"死读书、读死书、读书死"的传统旧教育；有了生活教育，就能"随手抓来都是学问，都是本领"，接受了生活教育就能"增加自己的知识，增加自己的力量，增加自己的信仰"。陶行知先生不把生活教育当作衡量教育、学校、书本甚至一切的标准。他说："没有生活做中心的教育是死教育。没有生活做中心的学校是死学校。没有生活做中心的书本是死书本。在死教育、死学校、死书本里鬼混的人是死人。"生活教育理论在反传统的旧教育上具有一定的积极意义，它揭露并批评了旧教育存在的问题，同时提出了解决问题的具体办法，在当时的历史下，对普及识字教育、扫除文盲等方面是适应的。如陶行知先生提出"教学做合一"，要求"教"与"学"同"做"结合起来，同实际的生活活动结合起来，这对教师就有了新的要求。要求教师尊重学生，注意教学之外的生活，指导学生在实际的活动中学好本领，培养他们的生活能力。从这个意义上讲，对当时的教学方法的改革具有积极作用，对我们现在的教学方式也有启发之处。

二、杜威的"从做中学"理论

美国著名教育哲学家、教育家杜威在教学的过程中会把教学的过程看作是一个做的过程。他认为：人们"做"的兴趣和冲动都是以人为主体的。人们对知识经验的来源基本上是基于主体与客体经验的总结。正是基于此，他强调学校在教育的过程中应该设置成类似于锥形社会的地方，即开设好各类工厂、实验室、农场、厨房等，让学生们能够在学校这个"小型社会"环境之中学习好自己所感兴趣的专业和课程。为此，他还提出了在教学的过程中要安排和编创好实践生产场景的教学方式，即在场景教学之中，激发好学生们的创造性思维，根据资料策略从场景活动中入手，解决好学生们在场景活动中所遇见的问题。这就是杜威所提出来的"从做中学"的教学理论。

从杜威对整个教学的主张来看，他主张"从做中学"具有很好的创新性，缺点是在其开展的过程中有一定的局限性。产教的深度融合需要真正把产业与教学对接，强调了"做"与"学"相结合的重要性，杜威的"从做中学"理论贯彻了从做中学、从经验中学，要求以活动性、经验性的主动作业来取代传统书本式教材的统治地位。他的"从做中学"理论贯彻到我国的教育方面，对我国教育中的管理理念、师生关系、教学方法、教学的评估方式等都具有非常深远的指导意义。

杜威以"教育即生活""教育即生长""教育即经验的改造"为依据，对知与行的关系进行了论述，并提出了举世闻名的"从做中学"理论。其理论实质就是要加强对学生实际操作能力的培养，培养学生探究问题和解决问题的能力，培养学生从事和适应实际工作的能力，这也是我国高职教育所需要的一种理论，一种既定的培养目标。杜威从他的哲学观——实用主义哲学观出发，主张"实用"，并把它引入教育，形成了实用主义教育哲学。他主张学生亲历探究过程，建立与真实世界的关系，实现学生从一个被动的观察者到一个积极的实践者的转化，学生通过自己的活动，逐步形成对世界的认识，充分体现学与做的结合。

杜威认为，人类获得解决问题探究能力才是最重要的，而这种能力的培养应该通过科学方法的训练来获得。同时，他认为，教学活动的要素与科学思维的要素应当相同，并由此提出了相应的"思维五步"或"问题五步"教学，具体包括以下几个方面。

（1）学生要有一个真实的经验情境，要有一个对活动本身感兴趣的连续的活动，即要有一个能实现"做"的情境。

（2）在这个情境内部产生一个真的问题，并作为思维的刺激物，即要有一个可"做"的内容。

（3）学生要掌握知识资料，从事必要的观察以应对这个问题，即要有一个实现"做"的必要支撑。

（4）学生必须负责一步一步地展开他所想出的解决问题的方法，即要有一个完整的"做"的过程。

（5）学生要有机会通过运用来检验他的想法，使这些想法意义明确，并且让他自己去发现这些想法是否有效，即有一个针对"做"的结果的检验。

这里的"五步"教学表面上看完全是一个学生"做"的过程，在"做"的过程中却是对"学"的积累。

高职教育旨在培养生产、服务与管理第一线的高素质技术技能型专门人才，即在基层岗位和工作现场做实事、干实务、实践性很强的实用性人才，也就是专门面向"一线"的高等技术应用型专门人才。而这种"一线人才"，不是单单依靠学历教育在学校里就能培养出来的，他们必须在生产和工作的实践中获得能力、提高能力。正是基于此，高职教育应更注重有效培养学生的职业能力，在教学过程中强调与实践相结合，实现学生的"做"，从而完成学生的"学"，以提高学生适应职业岗位能力的要求，缩短从学校教育到实际工作岗位的距离。

结合杜威的"思维五步"不难看出，"从做中学"理论在高职教育教学中的应用，具体体现在师生关系的准确定位以及教学方法的合理运用上。实施"从做中学"初期，常常会出现一个角色误区，认为教师是"做"的准备者，即为学生准备好所有资料和设备，而在学生真正"做"的时候，教师也不过只是个旁观者。如果以这样的态度处理"从做中学"，其结果便是学生盲目地"做"却谈不上"学"。强调"从做中学"，并不是对教师的忽视，无论把课堂搬到实验室还是工厂，无论教学中采取什么方法，都不能缺少的一个人就是教师。只不过此时的教师不再是"一言堂"的主人，而是一个"方向标"。教师的具体作用有以下三个。

第一，为学生营造一个真实的实践情境，并提出一个能引发学生兴趣的问题。

第二，在学生实际"做"的过程中出现错误、疑惑、困难、有所发现、有争论时进行有目的、富于智慧地引导，当学生有操作经验之后进行提炼、总结等。否则学生的操作可能是无效或低效的。

第三，给学生创造一个可以检验其"做"的结果的机会。"从做中学"理论的中心是学生本身，是学生通过"做"，形成"思"，最终实现"学"，是学生通过自己的努力获取知识与培养能力的过程。在这个过程中，既少不了教师这根指挥棒的引导，更少不了学生自身的操作与思考，学生只有通过实际的动手与动脑，对问题进行分析处理，才能在"做"中体会知识的运用。

随着我国高职教育的发展，教学方法越来越注重其实践性，强调与社会相结合，与用人单位的需求相结合，突出学生实际动手能力的培养，但无论采取什么样的教学方法，在其具体运用的时候依旧要落点到"教与学"上。

传统观念认为，所谓"教"，就是教师站在讲台前，通过语言、行为，再配合教具、多媒体课件等手段展示教学内容，而"学"就是学生坐在教室里去听、去看、去写。在这个观念的理解中，非得处于关系上位的教师做出教授、告知的行为才是"教"，否则教师就会被认为是偷懒、不负责任，这是过于关注"教"的行为表现。至于教师"教"的行为对学生的"学"是否有实际的效果就不在研究范围了。而"从做中学"却是对"教"的另一种更为人性化的诠释，"从做中学"绝不意味着让学生"做"就行，而是必须在教师指导下富有意义的"做"与"思"。这其实是把"教"的过程融入实际的情境中，教师在学生"做"的情境中教。要达成"做"以成"思"，"思"建立在平等与对等的关系上，平等的价值高于对等，没有平等就无法谈及对等，平等是对等的前提。

三、福斯特的产学合作理论

英国著名学者、教育家福斯特在现代产学合作中具有非常重要的代表性价值，他的产学合作理念对教育界的发展来说具有很高的战略性。福斯特认为，当前许多职业教育计划难以实现都是因为受训者缺乏必要的基础理论知识与基础技能知识。正是基于此，福斯特认为，产学合作的过程中应该首先从课程职业化设计出发，以理论基础为切入点，最终搭建就业化平台。同时，职业院校中职业技术人才的培养应该注重走产学融合的道路。因此，学校在开展各种职业培训计划的过程中应该从以下几个方面进行培养和改造。

第一，要控制好地方工科院校发展的规模，在拓展学生能力的基础上要结合社会经济发展的现实状况。

第二，要改革好地方工科院校的课程内容，多设置一些工读交替的"三明治"课程。

第三，要控制好地方工科院校中生源的比例，有可能的话让在职人员成为地方工科院校生源的主要来源渠道之一。

福斯特产学合作的理论对包括中国在内的发展中国家的教育来说具有很好的借鉴作用。

福斯特是当今国际职业教育理论界深具影响力的著名学者，多年来致力于职业教育理论的研究。他早年毕业于伦敦大学经济学院，曾经担任过美国芝加哥大学教育学和社会学教授、比较教育中心主任；澳大利亚麦夸里大学教育学教授兼院长；美国纽约州立大学教育学和社会学教授。福斯特以他发表于 1965 年的《发展规划中的职业学校谬误》一文而闻名于世。其许多关于职业教育发展的重要思想即包含在此文中。福斯特职业教育思想的许多观点被世界银行借鉴，成为当今指导各国职业教育发展政策性文件的重要组成部分。

20 世纪 60 年代，正是"发展经济学"的盛行时期。这一理论提出：发展中国家的经济增长"可以让政府去发挥主要作用"；可采用"集中的、非面向市场的计划模式"。受其影响，当时教育理论界有人提出了"人力资源说"，即主张学校可以根据政府的经济发展计划和"长期性的人力预测"来提供一定数量训练有素的人力储备为经济发展服务。在教育发展战略上，这一学派主张发展中国家通过重点投资学校形态的职业教育和在普通学校课程中渗入职业教育的内容来促进经济发展。人力资源说在当时得到了包括联合国教科文组织和世界银行在内的一些国际组织的支持，成为当时发展中国家教育与经济发展的指导理论。这一学派的观点以当时英国经济学家巴洛夫为代表。针对巴洛夫的主流派理论，作为长期致力于发展中国家教育理论研究专家的福斯特，以他多年的研究成果为依据，写下了《发展规划中的职业学校谬误》这一名作，从教育发展的一些根本问题上系统地阐述了他的职业教育思想，提出了许多与巴洛夫为首的主流派不同的观点，从而在职业教育理论界引发了一场长达 1/4 世纪的大论战。最后，福斯特由少数派成为当今职业教育界最有影响的主流学派。我们对其主要思想和观点进行了以下概括。

（一）职业教育必须以劳动力就业市场的需求为出发点

福斯特认为，受训者在劳动力市场中的就业机会和就业后的发展前景，是职业教育发展的最关键因素。正是基于此，职业技术教育的发展必须以劳动力就业市场的实际需求为出发点。

（二）"技术浪费"应成为职业教育计划评估中的一项重要内容

福斯特注意到，许多发展中国家的职业教育毕业生的就业岗位与其所受的专业训练不一致，从而他提出了职业教育中的"技术浪费"问题。他认为"技术浪费"通常是以下三个方面的原因造成的。

一是国家为促进经济发展提前培训某类人才，但现有经济并不能利用和消化这些人才。

二是市场需要这些人才，但被安排到与训练不相关的职位。

三是市场需要这类人才，但职业前景和职业报酬不理想，导致职业教育毕业生选择了与培训无关的职业。

他还认为尽管"技术浪费"现象在发达国家也存在，但在发展中国家更为严重，而由于发展中国家的资源更加有限，所以，这种技术"浪费"更应该加以足够的重视。

（三）职业化的学校课程既不能决定学生的职业志愿也不能解决其失业问题

以巴洛夫为首的主流派认为，通过学校课程的职业化可引导学生的职业志愿，从而避免学生不切实际的就业愿望，减少失业。福斯特认为，学生的职业志愿更多地由个人对经济交换部门的就业机会的看法决定，学校课程本身对这一选择过程并无多大的影响；失业的原因并不简单是学校课程上的缺陷，很大程度上是劳动力市场对受训者缺乏实际需求。

（四）基于简单预测的"人力规划"不能成为职业教育发展的依据

20世纪60年代是"人力规划"最时兴的时期，大规模人力预测成果作为各级各类教育与人才培养的依据，对职业教育的影响尤为突出。福斯特对此持批评态度。首先，他对人力预测的准确性表示怀疑，认为"经济交换部门的增长率是很难准确估计的"。其次，他对人力规划的后果表示担忧，因为，一旦经济增长率不足以吸收和消化人力规划所培养的人才，不仅会造成人力和物力的浪费，还会加重社会上的失业状况。应当指出的是，在计划经济下大规模的人力规划是行不通的，但与实际发展密切相关的小规模的培训计划还是应提倡的，福斯特反对的是那种脱离市场的"大规模的"人力规划，他支持那种"与实际发展密切相关的""小规模的"职业教育计划。这也是他所强调的"职业教育发展必须以劳动力就业市场的实际需求为出发点"。

（五）职业学校谬误论

巴洛夫等主张发展中国家用职业学校培养初、中级人才。福斯特从职校体制内部指出"学校形态"职业教育办学方式的局限性和一些自身难以克服的缺陷，具体包括：职业学校办学成本高；培训设备很难跟上现实要求；发展中国家职业学校学生不甘于放弃升学的希望，把职业教育课程作为升学的奠基石，学生期望与职业教育规划者志愿相悖；学校所设课程往往与就业岗位所需经验格格不入，所学技能往往与现实职业要求不符，职业培训与职业工作情景不相关；不易找到合适的师资等。另外，职业学校的学制较长，一般要三年左右，不能对劳动力市场做出迅速而灵活的反应。正是由于以上原因，福斯特认为，学校本位的职业教育最终难免失败的命运。正是基于此，就结果而言，职业学校只能是一种"谬误"。

（六）职业教育的重点是非正规的在职培训

"企业本位"的职业培训优于学校本位的职业教育。福斯特认为，发展企业本位的在职培训计划要比发展正规的职业学校"更加经济""更少浪费"。因为企业比职业学校更了解培训"产品"的标准和要求，而且企业有提供在职培训的良好条件。

（七）倡导"产学合作"的办学形式

福斯特认为，职业学校在人才培养上有规模效益，但鉴于职业学校本身一些难以克服的缺陷，必须对职业学校进行改造。最重要的措施是走产学合作的道路。如改革课程形式，多设工读交替的"三明治"课程；实践课尽量在企业进行，缩小正规学校职业教育与实际工作情景之间的距离等。另外，在生源方面，可招收在职人员。总之，职业教育和培训逐渐从学校本位走向产学合作。

（八）职业教育与普通教育的关系是互补的而非替代的

福斯特指出，成功的职业教育需要成功的普通教育作基础。随着社会生产力水平的提高，生产过程要求人才具有更为深厚的文化基础知识。学生具备扎实的文化基础也有助于提高其以后的继续教育能力和职业转换能力。正是基于此，要在扎实的普通教育基础上开展职业教育。

（九）反对"普通教育职业化"

巴洛夫主张除大力发展职业学校外，还要在普通学校增设职业课程，实现"普通教育职业化"。福斯特认为在发展中国家不应采用这种形式的职业教育。他认为，"普通教育职业化"既达不到普通教育的目的，也达不到职业教育的目的。

（十）农村职业教育的要点

福斯特非常重视农村职业教育，对此他提出以下主要观点：第一，农村职业教育的对象是农民而非学生。第二，农村职业教育的主要任务是向农民推广生产知识、新技术。第三，农村职业教育必须注重农民的求知积极性；农民非常注重实际，只有当他们看到科技带来的实际收益时，才会有学习的意愿，农村职业教育只有与当地发展和农民收益直接相关，才有可能获得成功。

福斯特长期从事职业教育理论研究，并在大量调查研究的基础上提出其职业教育思想，有着坚实的理论和实践基础。虽然福斯特职业教育思想主要产生于 20 世纪 60 年代中期，但其中的许多观点今天来看仍然具有强大的生命力。如职业教育必须以劳动力就业市场的需求为出发点、基于简单预测的人力规划不能成为职业教育发展的依据、要在扎实的普通教育基础上开展职业教育与培训等，被证明依然符合当前职业教育发展的实际。特别是福斯特认为，"对职业学校进行改造，走产学结合的办学道路"，更是一种先进的战略定位，因为职业教育不同于研究型的高等教育，它不需要太多的超前理论，而是更多地注重于实践知识的传授，技能重于研究，动手操作重于理论思维。所以，注重产学合作，加强对职业学校学生动手能力的培养是一个永恒的主题，也是当前世界范围内对职业教育的一个主流认识。福斯特职业教育理论主要是基于当时非洲几个发展中国家职业教育发展的实践得出的，难免有其局限性。其局限性的核心是几乎全盘否定了"学校形态"的职业教育。

福斯特对学校本位的职业教育持否定态度，显然是不符合我国的现实状况的，这一点已无须怀疑。学校本位的职业教育作为我国教育的一种基本形式，已经以职业教育法的形式规定，在现实中，职业学校仍然是我国职业教育中的办学主体。学校形态职业教育有其难以取代的优势，除了有人才培养的规模优势外，关键是在培养学生的文化基础、人文素质等方面是其他形式的职业教育不可比拟的。即使在发达国家，学校形态的职业教育仍是当今职业教育的主流。虽然，学校形态的职业教育有其局限性和缺陷，但是通过改革办学形式、课程体系、教学方式等手段可以加以弥补。再者，在多元化的社会，不同国家和同一个国家的不同地区，人们对职业教育的需求也是多方面的，应该提倡多元化的职业教育办学形式。

四、施奈德的教劳结合理论

关于教劳结合理论，是在资本主义大生产后提出来的有关教劳结合（即教育与生产劳动相结合）的理论研究与实践探索。在相当长的一段时期内，人们把教劳结合的"教"大多理解为青少年儿童的基础教育、职业技术教育和高等教育，对成人就职后的教育及其与生产劳动的结合则基本没有涉及，这一点从对教劳结合理论作出过经典论述的马克思和恩格斯那里可见一斑。马克思、恩格斯曾多次指出："从工厂制度中萌发了未来教育的幼芽，未来教育对所有已满一定年龄的儿童来说，就是生产劳动同智育和体育相结合，它不仅是提高社会生产的一种方法，还是造就全面发展的人的唯一方法。"在按照各种年龄严格调节劳动时间并采取其他保护儿童的预防措施的条件下，生产劳动和教育的早期结合是改造现代社会的最强有力的手段之一。马克思和恩格斯主要是从为工人阶级子女争取受教育权等角度来研究教劳结合的。

1906 年，美国辛辛那提大学工程学院教务长林尔曼·施奈德坚信，如果要把一个学生培养成一名工程师，就需要为这个学生提供工程师的实践机会。他创建的第一个合作教育计划，就是一种工学交替模式。施奈德创造的这种模式至今仍是世界各国校企合作教育最普遍的模式，它的基本特征是学习与工作相结合，其本质是实用主义的教劳结合理论，风行世界的"学工交替"在各个地区、各个学校虽有不同的表现形式，但本质却是一致的，人们广泛赞誉"学工交替"为合作教育的"经典模式"。

这种理论认为，教育不仅要与社会生产相结合，还必须要与社会生活相联系，这是教育发展的必然要求。教育与生产劳动相结合，也应该与受教育者的实际需求结合在一起。教育与生产劳动相结合的目标，就是更加有效的使学生为就业和自我教育做好准备，引导他们顺利地走向社会，完成向生产行业过渡的要求，并通过生产劳动获得经济效益。美国是最早提出合作教育的国家，如今已经有近百年的校企合作史，这也是一部职业教育生机勃发、欣欣向荣的历史。1983 年成立的世界合作教育协会，标志着合作教育已经是世界性的教育改革潮流。麻省理工学院实施本科生科学研究计划，明确规定大学生的学习内容除了课程学习之外，还应包括科学研究方面的学习和任务；德国所谓的大学教育的第二次革命，就是明确指出"教学与科研相结合"的过程；英国大学则实行"工读交替制"，大学生在学习期间要到与本专业有关的企业等部门工作一年或两年，并已经成为一项制度。实践证明，这些都是国际公认的培养创新型人才的有效方式。

第三节　产教融合的时代价值

产教融合就是将生产与教育有机结合起来，实现理论知识的传授与实践知识传授的有机协调与融合，提高实践能力。通过产教融合、校企合作，能够为学生在理论学习之余，提供更多的实践机会，培养学生的岗位技能和实践水平。产教融合将企业、学校、政府、社会组织等结合起来，进行资源整合与优化配置，实现取长补短、优势互补，提高教师素质。产教融合对高职教师提出了新的要求和挑战，高职教师只有不断提升自我才能适应产教融合的教学要求。正是基于此，产教融合对提高教师产教融合的水平大有裨益，助推教学改革。产教融合是高职教育的新形式和新思路，是对高职教育的一种创新。在对产教融合教学模式进行探索与发展的过程中，高职的课程设置、教学内容、评价方式等都面临着调整和变革，进而助推高职教育改革的深入。产教融合的根本任务是通过创新教育形式、整合教育教学资源、提高产教融合水平，达到提高学生岗位技能和实践能力、满足社会需求的目的。同时，产教融合有利于企业的技术革新、生产水平和效率的提升，促进企业的高速和高质量发展。由此可见，产教融合是实现学校和企业共同发展、全面提升的重要手段和有效途径，是高职教育价值、社会价值和经济价值的集中体现。产教融合促使高职按照企业的需求培养人才，并将理论学习与实践知识的传授和科学研究结合起来，为企业发展提供强有力的人才支持和智力支持，提升我国企业的综合实力，促进社会主义市场经济的高速和高质量发展。

高职院校所培养的人才合格与否，企业最有发言权；高职院校办学水平的高低要看其"产品"——学生是否受企业的欢迎。高职院校要培养高素质技术技能型人才，就必须将教学过程与企业的生产岗位相结合，依托企业的技术、设备、生产、工艺和管理优势，把学校的教育功能与企业的生产需求相结合，使学校办学出特色、学生学有所长，走上良性循环的发展道路。

一、产教融合是对高职教育产教关系内涵的提升

工学结合、校企合作、产学结合、产学研结合、产教融合等都是对职业教育中不同产教关系的阐述，也是不同经济环境背景下的产物，并在工教关系中有着长久的生命力。其中，工学结合是从微观层面最早提出的一种教育理念，它以职业为导向，以提高学生就业竞争能力为目的，以市场需求为运作平台，其主要关注的是如何处理微观层面学校的"学习"与企业的"工作"问题，即两者在时间的安排、课程体系的设置以及教学内容的组织等方面如何衔接，而对企业与学校的多方合作或高层次关系没有提出要求。校企合作是从中观层面提出的教育理念，对两者的合作提出了多方合作、互利共赢的要求，但是这种模式处理的是企业和学校之间的问题，对于学校所处教育行业和企业所处的行业或产业部门并没有提出相关要求，缺乏宏观顶层设计，整体性和规划性不强。已有研究对产学结合、产学研结合等概念进行了宏观层面的思考，主要是从产业发展需求的角度考虑如何将产业需求与学校教学或研究工作结合，还是缺乏全方位的视角，没有跳出中观理念的制约。产教融合则是采取了全方位的视角，立足产业和教育两大行业，从宏观层面提出了职业教育发展中需要处理的两大主体，即产业部门和教育部门，以及两者关系需要达到的理想状态——融合。其包含了产教关系的微观、中观和宏观问题，这种理想状态的实现不仅需要宏观的顶层设计，而且需要中观的组织参与以及微观的实践操作。相对于"结合""合作"而言，"融合"在主体之间的关系上更加深入。"结合""合作"都是体现主体之间以契约或其他条件为基础而发生的组织活动，是存在于

组织之外在的关系，随基础和条件的变化而变化。而"融合"则是主体之间我中有你、你中有我，密不可分，是发自主体组织内在需求的一种活动，是一种孕育着新事物产生的活动，在产教关系中有着从量到质的变化过程。因此，产教融合的提出是对职业教育产教关系内涵的提升。

二、产教融合是新形势下高职教育发展的价值取向

当前，我国高职教育正处在加快发展的重要阶段，大力发展高职教育是建设人力资源强国的需要，"以服务为宗旨，以就业为导向，走产教（学、研）结合的道路"是高职教育的办学方针。

高职教育主要培养技术技能型人才。这样的人才培养目标决定了教育与产业相结合、师生与实际劳动者相结合、理论与实践相结合是人才培养的基本途径。从封闭走向开放，教育与产业紧密结合是高职院校的发展战略。积极探索产教融合、工学结合的教育培养模式，推动高职教育从计划培养向市场驱动转变，从传统的升学导向转变为就业导向，全面提高学生的工作能力、就业能力、职业转换能力、创新创业能力等，建立和完善毕业生就业和创业服务体系，是目前职业教育最需要认真解决的问题。以就业为导向，推进产教融合、工学结合，是适应经济社会发展、提高毕业生就业率，满足企业人才需求，实现学校、企业双方受益、多方共赢的有效途径。产教融合不仅是高职教育的办学方式，更是高职教育的办学方向。落实以就业为导向的办学目标，要追求培养目标与岗位标准的"零距离"，必须要重视教育过程的"零距离"。在教学计划里，课程体系要遵循工作过程；在师资要求上，教学模式要符合工作模式；在教学过程中，教学内容要覆盖岗位能力；在教育评价上，教育考核要达到能力的综合检验。在上述教学过程中，没有产教融合，改革难以完成。

对高职院校而言，走产教融合之路，争取并依靠企业的支持和参与，主动服务企业的需求，是培养高素质技术技能型人才、实现高职教育又好又快发展的根本途径。一手抓规模、抓速度，一手抓质量、抓内涵，两手都要"硬"起来，高职教育就必须面向市场、开放办学、为企业服务。通过这些合作，学校可以开设供需对接的专业，推动课程改革，改善教师队伍结构，创新师资培训模式，建立稳定的实习实训基地，完善实践教学的条件，拓展教育和培训服务领域，提升教学质量，推进"双证书"制度，进而提高学校的知名度司竞争力。

产教融合大大缓解了高职院校资金匮乏、实习设备老化的困境。高职院校因为各种缘故，购置的实习、实训设备往往是社会上已经淘汰的，学生学习的专业知识、掌握的专业技术也跟不上社会上的技术更新。有很多学生到厂里工作时还需重新熟悉设备，从头学习系统，此时往往会被戏称为"慢三拍"，这也是企业对高职教育最真实的评价。高职院校通过把企业引到学校里来，或在校外合作企业挂牌成立实习、实训基地，让学生在上学时就到企业里去实习、实训，这不仅能让学生接触到最先进的设备，掌握最先进的技术，将来真正毕业时更快地融入企业的生产中，而且学校可以省去自己购买实训设备、建设实习基地等一大笔经费开销。

产教融合有利于建设一支过硬的师资队伍。目前，高职院校的教师大多是从本科院校直接分配的，他们专业水平高，理论知识丰富，但缺点是知识应用能力不强，实际操作水平不高，这也极大地影响了职校教学质量的提高，学校创设实习基地，兴办专业产业，为广大教师特别是专业课教师参加实践、提高实际工作能力提供了条件和机会，而且在实际工作中，教师把理论知识与生产实践相结合，把教学与科研相结合，有利于提高自身业务素质，提高教学的质量，对高职院校建立一支过硬的师资队伍有着十分重要的意义。实践证明，产教融合是促进和谐社会建设的有益实践和重要举措。从学院角度而言，学院希望以产学合作关系为纽带，进一步加强与企业的合作，在产学结合上取得突破并实现学校与用人单位的"双赢"。

高职教育发展的基本规律和价值取向主要体现在高职教育与社会发展、人的发展作用中，尤其体现在社会发展中，与政治、经济、文化、科技等存在紧密的联系，且作用更直接。其中，在促进经济发展的进程中，职业教育与经济发展彼此相互促进、共同发展。职业教育为经济发展培养了各行各业所需要的人才，经济发展越来越离不开职业教育的支持，职业教育发达的国家，经济发展水平也相对较高。但经济与职业教育之间的关系也是辩证的：一方面，经济发展水平制约着职业教育的发展；另一方面，职业教育通过对大量高素质劳动者的培养推动着社会经济的发展，发挥着强大的经济功能。因此，处理好产教关系也是职业教育提高服务经济发展能力和水平的需要，产教融合正是为了满足此种需要而提出的，其核心在于处理好职业教育中产教之间存在的矛盾和冲突，让产业自觉承担起社会责任，即在培养社会经济发展所需人才活动中履行应有的责任和义务，让教育与产业需求紧密结合，真正实现人才培养与促进产业发展的目标。

三、产教融合有利于专业建设

产教融合、校企合作培养技术技能型人才是国际职业教育成功国家的共同规律。呼唤和渴求产教融合、校企合作培育技术技能型人才在我国有着深刻的教育和经济背景。企业和高校紧密合作，当社会经济发展的路径发生变化时，企业能够第一时间感知到，企业将所需要的人才培养标准及时传达给高校，高校及时作出响应，使专业定位始终跟上时代的步伐。从教育方面来看，近一段时期以来，我国职业教育的一大特色是以职业学校为主体培养初入职的技术技能型人才，经济领域行业企业相对脱离于人才的正规职业准备教育，出现了职业院校对产教融合、校企合作共同育人和研发的需求格外强烈，然而困难也格外多的情景。从经济领域来看，我国正在进入工业化中期，努力实现产业升级转型、建立创新驱动的现代产业体系，对复合型和创新型技术技能人才的需求在倒逼行业企业做出变革。发展所面临的体制机制困境，保障技术应用和技能人才发展的实践问题，具有重大的研究意义与价值。

全面深化改革的总目标是完善和发展中国特色社会主义制度，推进国家治理体系和治理能力现代化。当前职业教育的体制机制不畅、承担和参与主体缺位、相关制度不匹配、政策措施不协调、发展力不足等问题成为制约职业教育发展的瓶颈。推进国家治理体系和治理能力现代化，为解决职业教育的瓶颈问题提出了新视角和顶层设计。职业教育作为与社会经济发展密切相关的一种教育类型，同时肩负着培养高技能人才的重任，关乎国家的经济发展与社会和谐。职业教育治理体系与治理能力的现代化，是国家治理体系与治理能力现代化不可或缺的一部分，对全面深化改革，推进国家治理体系和治理能力的现代化具有重大意义。近年来，在政府及各部门的积极努力下，职业教育取得了巨大的发展成就。但是，目前与我国经济社会的需求和人民群众的期盼相比，职业教育发展依然面临很多不足，许多问题表面看似在职业教育自身，而其实质是职业教育的外部制度、体制机制使然。

我国职业教育的校企合作创设了"订单式"培养、工学交替、校中厂、厂中校、"政、校、企"三方联动等一批具有区域行业特色的校企合作人才培养实现形式，形成了"合作办学、合作育人、合作就业、合作发展"的校企合作人才培养理念，但是职业教育校企合作也遇到了较多的困惑、问题和困难，尤其是职业教育校企合作的国家制度、政策还不够健全，对职业教育在国家政策、制度层面的顶层设计改革有着较为迫切的诉求。实行校企合作、工学结合的职业教育人才培养模式，是技能型人才培养的有效途径，体现了职业教育的本质特点。职业教育所肩负的培养技能型人才的任务需要职业院校与行业企业共同承担，日益成为职业院校、企业和社会各界的共识。从"单维"管理理念转向"多元"治理理念，在治理理论的指导下，借鉴国际比较经验，研究职业教育的多元治理主体的权责、实行管办评分离、多样化治理工具、完善的治理制度体系、治理指标体系、治理的制度包与工具包等，具有巨大的经济和社会意义。

首先，完善职业教育治理体系、实现职业教育治理能力现代化，将有助于我国数以亿计的技术技能型人才的培养和可持续发展，有助于职业教育突破上述制约瓶颈和困境，增强职业教育服务产业结构调整、经济发展方式转变的针对性和实效性。

其次，对职业教育治理体系和治理能力现代化的研究，有助于促进我国社会民主与全面提升，增强人民群众学有所教、学有所用的终身学习途径和机会，依靠职业教育提升国民素质和发展能力，提升全面就业、幸福生活的民主和谐境况。加快现代职业教育体系建设，深化产教融合、校企合作，培养高素质人才和技能型人才。

四、产教融合有利于课程建设

课程体系是学科发展的载体，企业岗位的各项技能都需要通过课程体系来实现，通过相应课程来培养对应的岗位技能。职业院校的校企合作中既有旧问题，也有发展过程中的新问题，需要政府统筹考虑解决的办法，整体推进合作的发展深化。企业对岗位职责有比较全面的了解，能够对各工种工作任务职责作出详细规划，然后将岗位职责标准转化成课程标准，企业项目实例转化为课程教学的案例。我国职业教育校企合作存在政府、行业、企业、院校、学生五大层面的问题，这些问题是系统培养高端技能型人才以适应经济发展方式转变和产业结构升级的重大障碍，是当前中国职业教育宏观政策亟待破解的焦点问题。职业教育校企合作中存在的问题主要是企业主体缺位、行业企业参与不够，反映出经济领域缺少支持产教融合的配套制度。产教融合不仅应该是教育制度，而且应该是经济制度、产业制度的组成部分。

五、产教融合有利于提升教师的社会服务能力

校企双方经常互派人员轮岗实训，企业派专业技术人员到校为师生讲学，有利于提高师生的实践操作水平。高职院校派教师到企业锻炼，在企业生产一线，教师实践能力能够得到较大的提高。研究、探讨校企合作促进政策的制定和实施是一项重要的攻坚任务，需要深挖现存的问题，运用理论分析其原因，并将其放在国家宏观层面来思考解决的思路和办法。我国职业教育的主体是职业院校，主要由教育部门统筹管理，但教育部或者任何单一部门都无法有效地解决职业教育校企合作的跨部门、跨领域问题。职业教育实行校企合作和工学结合的人才培养模式，不仅是培养应用型、技能型人才的基本做法，而且符合我国关于教育同生产劳动相结合、培养全面发展的人的基本教育方针，为加快制定国家职业教育校企合作促进法规提供了宏观性的思想框架。鼓励地方先行先试，吸收地方创新经验。许多地方对校企合作的认知水平不断提升，认识到人才培养合作项目的收益与产品研发等合作项目的收益相比，回报较低而投入较大。高职院校教师所接受的理论知识较多，但实践方面的技能比较缺乏，大部分高职院校教师大多没有太多的项目经验，通过产教深度融合可以提升师资水平。教师在企业真枪实干，掌握先进技能后，再结合自身丰富的理论知识，可以提出有创新性的想法，帮助企业解决实际问题。

正是基于此，需要国家统筹职业教育校企合作政策，进行顶层设计。国家从教育、经济和劳动三个方面建立法律性框架。目前，《中华人民共和国教育法》《中华人民共和国劳动法》和《中华人民共和国职业教育法》中关于教育与生产劳动相结合、教育为经济建设服务、经济建设依靠教育以及职业教育校企合作的规定，对于促进校企合作的发展发挥了一定的作用，但其条款大多是宏观性规定，相距建立良好的职业教育产教融合制度的需求还有一定的差距。国家应从教育、经济、劳动三个领域修改现有法律和新增相关的法律，为加快建立国家职业教育产教融合、校企合作制度提供宏观性的法律框架。

六、产教融合有利于产业竞争力的提升

提升产业自主创新能力是建设创新型国家的需要，产学研合作是产业

自主创新和发展的必由之路。加快建立以企业为主体、市场为导向、产学研相结合的技术创新体系，引导和支持创新要素向企业集聚。企业需要创新型人才和高技能人才，需要实用技术和科研成果的引进与转化，与高等教育和职业教育合作已逐渐成为企业的战略需求。而对高端、现代、新型、集约化的经济特点，企业必然要求高素质的劳动者和高质量的职业教育，也必然要依靠高水平人才进行技术创新。通过产教融合可使培养的人才更好地适应企业、行业、社会的需求，缩短就业"磨合期"，降低企业的培训成本和劳动成本，有力地提升企业的竞争力。

产教融合符合企业培养人才的内在需求，有利于企业实施人才战略。在职业教育中，技工教育处于企业需求最普遍的地位，与企业的关系尤为突出。企业积极参与举办技工教育，其核心动力来自企业对应用型人才的不懈追求。建设一支极具企业自身特色的应用型人才队伍，并不断给予补充，是企业实施人才战略的核心。所以企业仅仅关注技工教育的发展还远远不够，因为极具企业个性特征的应用型人才通过"人才社会化"的渠道是无法得到的，也就是说，社会举办的技工教育无法直接为某一家企业培养和输送个性化的应用型人才。所以企业希望通过合作办学的方式，培养极具企业自身特色的应用型人才。这就是企业与院校合作举办技工教育的本质意义。企业这种参与举办技工教育的要求，随着社会经济发展会越来越强烈，也会成为越来越多的企业家的共识。

七、产教融合有利于学生知识、能力、素质的提升

职业教育培养的人才是经济和社会所需要的生产、服务、管理一线的高级应用型人才，这类人才的最突出特点是具有较强的实践技能。但长期以来，由于受到学校仪器设备、实习环境、实训条件和师资等要素的制约，绝大多数职业院校不具备培养技能型人才的实训条件，学生在学校里学到的更多的是理论知识，实际动手和操作的能力非常缺乏，毕业后不能很好地适应企业的要求，到工作岗位后的工作"磨合期"较长，影响到企业的生产和管理。现代企业随着市场发展的管理创新、生产工艺的改进、生产设备的更新速度非常快，学校没有足够的财力和人力保证实训条件跟上企业改进更新的速度。另外，学校的氛围和企业的生产环境也有很大的差异，课堂教学和现场实践的效果有很大的区别。产教融合能为学生提供实习、实训场所，让学生有更多的机会真正到生产第一线去学习、锻炼，使学生

能亲身感受企业的理想与文化，提高职业素养与能力，快速实现由学生向职工的角色转换，为学生就业提供一个缓冲平台，而且合作企业往往还能接收一部分学生就业。从就业层面上来讲，通过产教融合能够解决学生上学和就业两大难题，为众多家庭特别是弱势群体分忧解困，促进社会稳定与国民经济的发展。

（一）产教融合有利于培养学生的职业素养

职业素养是多种素质的综合品质，素质是内化了的心理品质，其中各素质之间相互制约、相辅相成，无论是道德素质、专业素质、人文素质、创新素质还是身心素质，都需要在相关知识传授的基础上，经历实践的磨炼才能形成。敬业精神、责任心、质量意识、团队精神在学校的教育中很难培养，只有在企业的实践中历经锤炼和熏陶才能逐渐养成和内化。

（二）有利于激发学生的创造力

职业院校加强产教融合，实行顶岗实习、半工半读，能够为学生提供身临其境的企业环境熏陶和必要的实习条件、难得的实践锻炼机会。生产实践过程也就成了教学过程和管理过程，学生在教师的带领、指导下，把理论知识运用到实践之中，并把在实践中的体验与理论进行对接，从而加深对理论的理解，增强应用知识和解决实际问题的能力。这样的实践活动能够激发学生的创造意识、创造热情和创新精神。

（三）有效解决就业、招生两大难题

职业院校传统的教育模式是在对学生进行两年的素质教育之后，利用第三年的时间安排学生到企业顶岗实习。由于职业教育的专业教育层次浅，再加上学校设备的匮乏使得学生没能掌握专业技巧，学生被推荐到社会上受到众多企业的排斥，以至于学非所用、用非所学，只能转行或从最基层做起。这与家长和学生所抱有的期望相差很大，再加上高额的学费和生活费，职业教育一直受到学生和家长诟病，以至于形成"招生难、就业难，就业难、招生难"的恶性循环。学校通过"引厂进校""订单培养""联合办学"等多种产教融合方案，可以有效地解决职业院校的招生与学生就业的两大难题。

第三章　高职教育产教融合制度建设

在现代职业教育进入产教融合的新时代背景下，高职院校要加强产教融合的基本建设，以深化高职院校的教育改革，突显我国高职教育人才培养的阶段性发展特征与类型特色。本章主要阐述的是组织制度建设、岗位制度建设和学生管理制度建设。

第一节　组织制度建设

一、基础保障制度

（一）政策扶持制度

当前产教融合的主动权在企业，学校和企业之间还没有建立稳固的产教融合双赢机制。因此，政府在宏观调控政策方面应有相应的配套优惠政策和激励措施，来调动企业的积极性。成功的产教融合是建立在互惠互利基础上的，合作的目的是"互惠双赢"，应该享有对等的权利与义务。因此，产教融合既要强调企业的义务，又要保障企业的权利。例如，参与产教融合的企业具有享受税收优惠、人员补贴、科技优先制度的权利，在产品开发、贷款等方面享受优惠政策；具有要求高职院校确保企业正常生产秩序的权利；在培养目标、专业建设、课程设置、教学形式、实训实习，以及师资队伍建设诸方面具有充分的话语权等。

（二）协调制度

产教融合的发展受制于区域的经济和教育发展水平，反过来又促进了地方经济的发展和职业教育的繁荣。因此，除了健全完善有关政策与法规，政府还应设立专门的协调机构来调节、规范和推动产教融合。专门的政府协调机构应充当产教融合的推动者、协调者和监督者，其主要职能主要包括以下几个方面。

（1）研究产教融合的发展规律和存在的问题，为制定法律法规和优惠政策提供理论依据和实践指导；加强产教融合管理，用法律形式确保合作关系的稳定；协调产教融合过程中出现的矛盾和问题，探索产教融合的创新模式。

（2）引导企业参与产教融合，为高职院校和企业合作提供平台。例如，搭建合作平台，组织产教融合论坛等，努力创建校企资源共享、优势互补与互利双赢的合作机制。

（3）监督、评价和激励。监督校企双方对协议条款的履行情况、企业的合作（服务）态度、专项资金的使用情况、产教融合项目的进展情况、上报材料的真实性等。组织专家对产教融合成果进行评价，根据评价结果，落实参与企业应享受的优惠政策和相应的奖励政策，激励企业参与的积极性。

（三）评价制度

1. 评价组织

（1）校内评价监控组织。校内评价监控组织要以校内第三方的角色进行定位，主要承担撰写学院年度教学质量报告、全校专业评估、高职院校教学质量保障，以及高职院校教学基本数据采集等职责。该组织要相对独立于各分院系，组织成员要能够脱离于具体的专业教学之外。

（2）教学指导委员会。各专业或专业群均设有专业教学指导委员会，该委员会的机构要充分考虑到专业带头人一类的专家、产教深度融合的行业企业，以及在读或毕业学生、家长代表，从不同的角度改善产教融合的专业人才培养质量评估体系。

（3）合作委员会。该机构主要承担学生实习教学质量评估任务。要充分调动学院与行业企业的积极性和责任心，行业企业是产教融合的重要推动力量。行业要加强人才需求预测，制定人才标准，参与课程改革，开展质量评价等；企业要全面参与到高职院校管理运行的全过程中，积极参与办学、定制专业、探索双元制培养模式、共同开发课程教材，交换专业技术人员、开展联合科研，以及共建技术中心，提供培训基地和实习实训基地。合作委员会的主要职责是实训实习的质量监控、共建校内外实训基地、完善行业企业专家数据库、搭建产教融合的沟通交流平台等。

2. 评价内容

（1）教学质量评价。高职院校产教融合质量内部评价可以分为院校评价、院系评价和教师评价，重点考察产教融合的组织与领导、职责履行、合作成果、人才培养方案、人员交流、项目建设、基地建设、毕业生社会声誉、教师成果转化等内容。校内评价以教学督导、专业评估为抓手，组织教育专家、专业领域专家和教学管理等部门进行全面、定期的监控与评价，理论学习以"够用"为度。校内外教学和实训课堂主要是对校内实训条件、教学内容及岗位适应度、企业人力资源、工作团队、技术培训、订单完成、文化提升、流程再造、新产品开发、新技术引进、企业品牌升值等方面进行评估。学生岗位能力形成以实践为主，不定期邀请行业企业专家进入校园课堂、实训车间对教学内容、方法进行诊断，以提高课堂教学与就业岗位的匹配度，提升专业人才培养的总体水平。

（2）实习场地评价。实践教学是学生岗位能力培养的重要环节，实践教学的实施对教学时间的安排、实训场地的条件、实习设备的配备等物质保障有较高的要求。校内外实习教学评估，应注重对教学时间、实训场所、设备设施等保障条件进行评估，尤其是对实习实训场所建设、运行、管理，以及实际绩效等方面进行评估，对发现的问题要及时提出整改意见，并加以落实。评估实施小组要形成定期进实验实训场所调研的制度，并在一定范围内进行通报。

（3）学习过程评价。通过产教融合，校企双方都会在人才培养标准、课程设置内容，以及对岗位的基本技能方面进行全面研讨，并形成一系列理论教学模块、技能教学模块、素质教育模块等教学体系，对这些教学内容的实施和监控往往是重点。但是对学生学习过程的监控，以及对学生学习效果的评价往往会过于宽松，尤其是素质和素养方面的评价难以量化，恰恰这也是企业选拔学生的重要条件之一。实践过程的技术指导与技能评价，以及毕业设计所体现的技术创新能力和学术素养的评价最能充分反映出学生的学习过程和学习效果，加强这两个方面的评价有利于人才培养质量的提高。

3. 评价方式

（1）量化考核。在产教融合的人才培养质量评估体系中，应逐步完善可以量化的评估指标，将无法准确量化的评估指标逐步进行量化，最终形成一个较为系统和完善的量化考核体系。该体系应能体现理论教学和实践教学的过程、质量，对学生的技能、学识、素养，以及未来发展的潜力进行较为准确的评估。

（2）信息化评估。由于评估过程涉及的空间场地范围正在逐步扩大，教学按照模块化、岗位化方向建设正在细化，教学过程涉及的管理、服务、教学与学生等角色众多，形成的考核信息也十分丰富。要快速分析和处理这些数据，所需要的人力、物力和时间投入将是巨大的，仅仅依靠传统的人工方法进行分析统计，甚至无法完成本应完成的教学质量评估工作。智能终端和发达的现代信息技术，便于进行教学质量评估、原始信息的采集、大量数据的统计分析，以及最终分析报告的传阅与公开。

（3）第三方评估。高职院校很重视院校内部的质量监控和评估工作，随着上级教育主管部门将教育质量评估逐步放开，第三方中介评估机构的市场正在形成。通过充分利用第三方评估机构的评估力量和相对独立性，可以更为全面和客观地反映出教学质量的真实情况。具有官方背景的教育评估研究院、具有专业人才的专业评估机构，或者是行业组织等，都可以成为具有说服力的第三方评估机构。

（四）联合培训制度

鉴于目前一些企业只选用人才而不参与或很少参与人才培养的现状，应鼓励企业树立成熟的合作办学思想，树立打造现代化的"学习型企业"的思想，把参与职业教育、产教融合作为企业上台阶、上档次的重要途径，形成企业与学校共建人才培养培训联合体制度，具体包括以下内容。

（1）学校与企业共同培养学生。依据人才市场调研、区域经济发展现状及趋势和国家的产业政策等，由学校与企业的工程技术人员共同制定人才培养方案、教学大纲，围绕职业能力和素质共同精选教学内容，确定教学方法和手段；学生在企业生产实践与在学校学习交替进行，通过学校和合作企业的双向介入，把学生在学校的理论学习、基本训练与在企业的实践学习有机地结合起来，实现校企"零距离"、理论与实践"零间隙"、毕业生上岗"零过渡"，满足企业的人才需求，同时提高学生的职业素质和学校的办学水平。在合作办学过程中，还要极大地调动企业办学资金投入和资质整合投入的积极性。

（2）学校与企业共同进行企业员工的培训。企业内部的教育与培训要形成制度，学校与企业共同对企业的富余人员和已在企业的实习生搞好专业拓展；根据企业产品升级、技术改造的需求，共同抓好员工的转岗培训；共同解决企业亟须解决的技术、管理、生产以及劳动力问题，形成相互依赖的"利益共同体"，使企业切身感受到校企共同培养培训人才的重要性。

（五）专家工作室制度

为鼓励名师、名专家在专业上有所作为，并希望借此平台带领一批教师与学生在创新方面有所建树，可设立产教融合的专家工作室制度。

1．工作室模式

（1）学校提供场所，企业提供资金，委托校方购买工作室所需的设备和耗材。

（2）学校提供场所，由企业提供研究所需的设备、仪器及耗材。

（3）由企业或工业园区提供场所，企业提供设备、仪器及耗材。

（4）由学校与企业共同提供设备、仪器及耗材。

（5）由学校提供场所，由学校提供设备、仪器与耗材，企业提供项目。

2．工作过程

（1）准备文件，包括申请报告、团队成员介绍、已有的工作基础、与企业签订的协议、分期工作目标和总目标、经费保障，以及产生的影响。

（2）向学校提出申请。

（3）经相关部门审核评价。

（4）选出优秀者，获得学校批准。

（5）组织实施。

（6）到期退出。

（7）经费主要由企业提供，也可以用其他方式筹集。学校可提供适量配套经费，或仅立项不提供经费。

二、规范性文件

原则上，产教融合办学需建立相关文件。对于不同企业、不同的合作方式，会有不同的文件，下列相关项目可做参考。

（一）一般文件

合作办学董事会章程；产教融合策划方案；产教融合办学论证报告；合作办学协议书。

（二）制度文件

合作办学管理办法；合作办学师资管理办法；合作办学资金投入管理

办法；合作办学招生与就业管理办法；合作办学教学管理办法；合作办学实习管理办法；合作办学科研技术服务管理办法；合作办学专业建设管理办法；合作办学学生权益保障办法。

三、办学结构

产教融合设有相关机构，校企双方人员都可在这些机构中任职。应对的机构可分为决策层、执行层和操作层，以下是可参考的机构建设。

（一）决策机构

（1）董事会，下设董事长、副董事长、董事。

（2）校务委员会，下设主席、委员。

（3）理事会，下设理事长、副理事长、理事。

（4）产教融合委员会，下设主任、委员。

（二）执行机构

（1）产教融合办公室，下设主任。

（2）产教融合执行委员会，下设主任。

（3）产教融合服务中心，下设主任。

（三）操作机构

（1）专业指导委员会，下设主任、委员。

（2）企业教学评价委员会，下设主任、委员。

（3）专业建设委员会，下设主任、委员。

（4）合作二级学院，设院长、副院长，必要时可设名誉院长。

（5）其他机构，可根据实际情况设置职位。

（四）监督机构

产教融合成立监督机构一般是为了更好地促进双方合作的顺利开展。监督机构一般是由政府监督管理部门和第三方企业或者政府认可的第三方评估公司或担保公司担任。对双方合作开展的项目进行专业评估和权威发布，成立产教融合监督委员会，由委员长、机构委员，以及双方高层领导人担任组成。

四、合作双方的权利

（一）企业的权利

（1）参与制定、修改合作专业的人才培养方案的权利。

（2）根据人才培养方案安排学生到生产线或岗位上顶岗实习的权利。

（3）要求校方给予技术服务的权利。

（4）保护企业知识产权的权利。

（5）参与安排教学活动与实践的权利。

（6）指导学生在企业实践的权利。

（7）运用进驻在校的设备按规定进行生产的权利。

（8）参与合作办学的决策权利。

（9）提出合作专业招生的数量的权利，优先挑选优秀毕业生的权利。

（10）获得评选优秀兼职教师、优秀指导教师称号的权利。

（二）院校的权利

（1）尊重教学规律、依法治校的权利。

（2）拒绝企业素质不高、对教书育人有不良影响的兼职教师来校任教的权利。

（3）保护学校知识产权的权利。

（4）按合作协议规定使用企业投入资源的权利。

（5）谢绝不适合在校生产或经营要求的权利。

（6）保护学生权益的权利。

（7）让学校发展的权利。

五、合作双方的义务

（一）企业的义务

（1）吸纳或推荐本专业学生就业的义务。

（2）保障学生权益，保障学生顺利的学习与生活，保护学生安全的义务。

（3）遵守学校规定的义务。

（4）教书育人的义务。

（5）帮助学校建立教学资源库的义务。

（6）在企业构建职业教育功能的义务。

（7）培训学校教师的义务。

（8）提出校企双赢共同发展计划的义务。

（9）参与校方有关教学、招生、实训、科研、培训、服务、就业等工作的义务。

（10）配合学校或第三方对在企业工作或实习的学生跟踪调研的义务。

（二）院校的义务

（1）遵守企业规章制度的义务。

（2）向企业推荐毕业生就业的义务。

（3）受企业之邀，根据自身能力提供有偿或无偿技术服务的义务。

（4）培训企业兼职教师，提升其教学能力的义务。

（5）受企业监督，用好企业资金合作办学的义务。

（6）保护企业知识产权与保守企业技术秘密的义务。

第二节　岗位制度建设

一、校级领导的职责

校级领导与企业负责人就合作战略、合作的模式做出决定，签署有关协议。分管产教融合的校级领导指导下属职能部门与相关院系进行联系、谈判与起草协议，协调职能部门与院系在产教融合中的资源分配。

在重大项目谈判时，分管产教融合的校级领导应出席，并视需要考察合作企业。

二、院系领导的职责

院系领导负责联系企业与项目，做初期的谈判，介绍学校的资源，提出产教融合的基本设想，布置产教融合项目，决定合作项目负责人，检查合作项目的落实，提供产教融合项目绩效评估的材料，提出合作协议的初步方案与要点，向主管产教融合职能部门报告与备案。

三、教务处的职责

教务处教师负责联系企业，将企业的合作意向及时向院系领导转达，承担产教融合项目负责人或参与产教融合活动，维系校企间的联系，落实毕业生在企业就业。

四、合作办公室的职责

（1）组织校内相关人员对企业、行业协会等单位进行调研，组织有合作意愿的企业、行业等有关人士进校参观、座谈。对经济技术发展引起的用人需求及标准变化的信息要及时掌握，并向相关院系通报。

（2）协助校领导制定产教融合的战略。

（3）组织统筹全校的产教融合项目，向校长提出全校产教融合的战略草案，策划全校的产教融合活动，制定产教融合管理办法，指导全校产教融合的设计与实施，针对学校的专业与实际情况，起草产教融合协议，引进合作企业。

（4）组织产教融合项目的签约、挂牌仪式，包括一年一度的合作大会与相应的产教融合活动。

（5）提供产教融合的协议模板，撰写产教融合的管理文件。

（6）主动与政府相关部门联系，与行业协会、商会和企业相关部门联系，向其推荐学校，表达合作意愿。对与学校合作的政府与行业协会等相关部门、商会、企业进行平时的关系维护，及时向相关院系与专业通报企业行业信息，组织产教融合协议的签署仪式，组织实习基地的挂牌仪式。

（7）既要评估产教融合项目对学校人才培养、科研开发、社会服务等方面的作用和效益，还要评估项目对企业的正面与负面作用，并组织专家对项目进行评审。

（8）检查、监督产教融合项目的实施，制止违规行为。组织产教融合项目的检查与绩效评价，及时提出产教融合项目实施过程中的问题，了解项目进展缓慢的原因，对实施不力的项目提出警告，撤销无实施或绩效评价差的项目及协议合作到期项目。

（9）提供产教融合案例，总结产教融合经验，为兄弟院校做出示范。对实施项目的结果进行奖惩，总结产教融合的经验与教训，推广优秀项目的经验，批评实施不力的项目，监控产教融合中的腐败行为。

五、企业联络员的职责及选择要求

（一）企业联络员的职责

有条件的企业对校企深度融合办学的学校可派出联络员长驻学校。

（1）共同做好招生宣传，参与制定产教融合战略，尤其是订单班的招生简章。

（2）认真做好招生的专业咨询工作，回答应届高中生与中职学生的报考咨询。

（3）与学校一同做好新生的入学教育工作，介绍专业的前景与企业的工作情况。

（4）做好学校的调研工作，将学校与企业的差距进行对比，及时做好学校与企业双方的沟通汇报，在短时间内进行纠偏。

（5）深入学生群体中了解学生的情况，针对学生的现状，要求校企双方联合修改人才培养方案、课程教学大纲和课程标准等。

（6）与学校的教师一同组织与参与精品课程的合作建设、新课程的开发、实验实训室的建设、科研开发和教材编写等。

（7）与教师、教研室主任、系主任乃至校长进行沟通联系，对产教融合提出改进与建议，避免将产教融合变成松散的结构形式，通过不断的联系保持紧密与具有约束力的关系。

（8）安排学生实习，加强由企业方对学生进行的就业指导，联系学生就业。

（9）做好面向社会的培训工作。

（10）将企业文化以恰当的形式影响给学校，做好企业面向学校与社会的科技推广工作。

（二）企业联络员的选择要求

（1）具有丰富的企业生产和服务经验。

（2）深刻领会企业的意图，善于将企业的意图与学校的现状相结合，做出合理的安排，在某种程度上可代表企业做出决定。

（3）热衷于职业教育，对职业教育有较深刻的理解。

（4）对企业用人之道有一定的体验。

（5）能深入企业生产一线与学校教学一线，掌握校企双方合作的脉搏，以有助于产教融合的加强。

六、班主任的职责

（1）关注学生在企业的工作、生活和思想情况。

（2）了解学生适应企业的情况，如果学生有不适应的情况，应及时做好开导工作。

（3）了解企业对学生的工作安排，若有异常，应将情况及时向有关教师通报或向学校领导汇报，或及时转达学生的投诉。

（4）处理好学生在陌生的企业环境中所产生的心理问题，鼓励学生到生产一线实习，有针对性地做好素质教育，关注实习学生的身体健康，了解实习实训环境对学生的身心影响。

（5）必要时，与学生的家庭取得联系，向学生家长报告学生学习、实习实训的情况。

（6）掌握学生在不同的企业中所遇到的问题及解决办法，将某学生的成功经验介绍给其他学生，通报其他学生在企业实习实训的情况。

（7）与企业方安排的实习指导老师取得联系，及时掌握学生的表现与思想动态，以便有针对性地做好工作。

（8）及时将学校的有关情况、信息向学生通报；转达企业没有直接向学生发布的信息；涉及学生就业、考证、毕业、答辩等信息时，要第一时间通知学生，并加以落实。

（9）若条件允许，班主任可到实习现场看望学生。

（10）继续做好学生职业生涯的设计辅导工作。

第三节　学生管理制度建设

一、学生权益保障

（一）避免作为廉价劳动力

企业不能将学生作为廉价劳动力使用，尤其是实习学生的总人数超过企业员工总人数的企业，要慎重进入。

（二）保障安全

企业要为学生提供安全的生产、劳动、实习、学习与生活环境，不得将危险或危及安全与健康的工作交由学生完成。

（三）按劳付酬

即使是实习期间的顶岗学生，也要按照企业劳动付酬规定支付劳动报酬，学校不能变相扣押企业支付的劳动报酬。

（四）岗位轮换

学生不能长期在低技术劳动岗位上从事简单劳动，必须根据培养的具体要求适时给予不同岗位的实习安排，并注意工作岗位要有技术含量。学生不得从事对身体健康有影响或从事不适合学生顶岗的劳动与活动。

（五）避免歧视

除特殊工种或岗位要求外，企业不得对学生有性别歧视、身体缺陷歧视，或对不同地域来源的学生有地方歧视。不论企业的规章制度如何，不得对学生进行打骂和侮辱。

（六）保护知识产权

学生在企业实习时发明的专利要给予保护，不得剥夺或盗窃学生的发明与技术创新，也不能无偿占有。企业进驻学校后，不可与学生争用资源，更不能损害学生的权益，要保障学生的安全。

（七）购买保险

学生在企业工学交替与顶岗实习时，要购买健康综合保险，而且学校与企业中的一方要为其购买意外、工伤、医疗保险。若企业方与学校有长久的合作关系，则趋向于由企业为学生购买。

二、学生心理调节

学生到企业实习，将会产生新奇、好奇、观察、不适应、反感、接受、抗拒等心理反应，要让学生健康地完成实习任务，就要做好学生在产教融合中的心理教育与调节。特别是要有针对性地对一些心理脆弱的学生做好相关的调节工作。

（一）规章制度教育

针对学生到企业的时间分段做工作，分为认识实习、生产实习与顶岗实习三种。其中，应就目前企业的规章制度、管理、企业文化、特色等先做调查，并将结果向学生介绍，告知学生应做的准备。

（二）适应性教育

如果学生不习惯企业的管理，也要给学生一个适应的过程，包括迟到、早退、旷工的处罚，违反企业规章的代价。企业的一些特殊规定要在学校里就提前对学生进行声明。企业员工的素质良莠不齐，既要教育学生准备面对出现的新人际关系，并能逐渐适应，还要引导学生适应在不同的企业人员的指导下实习，并及时做好跟踪、引导、安抚、开解和教育等工作。注意在上班前或上班后分别做工作。

（三）对不合理制度的反应

个别企业会有一些不甚合理的规定，要教育学生学会适应，告知学生不是去改变企业，而是要适应企业。即使不合理，也要学会忍受。若企业规定明显不合理，将会影响大量学生的实习情绪，校方应及时与企业沟通以便改进。当沟通无效，校方所做的工作无法平息学生的情绪，有可能进一步恶化并引发重大事件时，校方应果断中止相应的行动。

（四）对接受负面消息的反应

现代信息传播速度快，通信技术发达，学生很容易会将在实习时的一些负面的东西放在网络上，其不良影响是很大的。为应对学生的这一反应，学校的宣传部门，各院系、各相关专业教研室与专业教师，以及产教融合的管理部门，要积极与学生沟通，对网络上的消息要有正面的引导，避免负面文章一面倒地出现，让学生在网上可以看到不同角度、不同反映的文章，学生在教师的指导下自然会做出正确的判断。

三、思想政治教育

（1）学校和企业双方都有共同做好学生思想政治工作的义务。

（2）企业既要从培养人才的角度对学生进行职业道德教育，也要从法律的角度对学生进行法制教育。

（3）学校要与企业联手共同做好学生的思想品德教育，及早发现学生的思想问题，有针对性地制定教育方案，做好教育工作。

（4）避免不良文化的影响，当发现企业有不良文化对学生会产生影响时，学校要主动进行相应的处理，让学生在良好的道德影响氛围下成长。

（5）企业若发现学校的思想品德教育与社会相脱节，要主动向学校提出改进，并争取尽快实施。

（6）可采用双班主任制度，即学校与企业各出一名班主任，共同做好学生的思想政治工作。

（7）必要时，也可采用双辅导员制度，即学校与企业各出一名辅导员，共同做好学生的思想政治工作。

四、党团工作规范

（1）在学生实习时间较长、实习规模较大的情况下，应组建相应的党组织与团组织。

（2）若党团员人数较少，要与当地党团组织取得联系，在其指导下参加相关的活动。

（3）学校在有可能的情况下，派出专人指导在顶岗实习中的党团活动。

（4）教育党团员在企业中要注意做好先锋模范作用，带领全班同学完成企业实习任务，并发挥党团员骨干作用，帮助其他同学。

（5）根据企业的实际情况，组织与企业密切关联的党团活动，如参观当地企业、当地的革命历史博物馆，学习当地的社会文化等有关资源，组织相关的活动，丰富党团生活。

五、招生与就业管理

（一）招生形式

产教融合会涉及招生，招生有以下两种形式。

1. 学历教育招生

（1）在应届的普通高中毕业生中通过正常高考考取。

（2）在应届的职业高中、中专、技工学校毕业生中通过"三校生"高考考取。

（3）在应届的普通高中毕业生中通过单独招生考取。

（4）在应届的"三校生"中通过单独招生考取。

（5）在应届的普通高中毕业生中通过单独招生与对口招生考取。

（6）在应届的职业高中、中专、技工学校毕业生中，通过单独招生与对口招生考取。

（7）通过单独招生面向社会招收毕业已有两年的大专生。

（8）通过成人高考招收社会各类学生。

2．非学历教育招生

（1）面向社会的培训招生。

（2）面向企业的培训招生。

（3）受企业委托，面向中职的企业招工式培训招生。

（4）受企业委托，面向农村富余劳动力、复退军人等的企业招工式培训招生。

（二）就业途径

1．就业信息的获取

（1）校园招聘会。

（2）报纸杂志的推荐广告。

（3）校友互相通报。

（4）印发毕业生信息。

（5）在专业学会、协会、商会召开年会时发放毕业生信息，请学会、协会、商会代为发布毕业生就业信息。

（6）请专业教师提供企业就业信息。

（7）产教融合的企业方提供就业信息。

（8）企业兼职教师为企业带去毕业生信息，为学校带来就业信息。

（9）通过网络发布毕业生信息。

（10）到企业实习锻炼的教师分别为学校与企业通报企业就业信息和毕业生信息。

2．就业的途径

（1）在合作企业就业。在就业前，至少应在企业顶岗实习半年以上。

合作企业方要做好相应的安排。企业通过顶岗实习可知学生的表现是否合适在本企业就业。若企业拒绝个别不适合在本企业就业的学生时，校企双方也要做好工作，做出让其到其他企业就业的安排，同时顺势告知学生就业的优势与劣势。

（2）在其他企业就业。即使是在订单班，也要允许产教融合办学专业的学生在其他企业就业，包括曾获得由企业颁发的订单班奖学金的获得者，不能强迫其在本企业就业。

（3）在国外企业就业。允许学生在国外的企业就业。这些企业包括国内的外资企业或设在国外的企业。

（4）自行创业。在条件适合时，鼓励学生自行创业。校企双方都可根据学生创业的方向给予指导，包括政策的解读、创业条件的支持等方面。

第四章　推进"双师型"教师队伍建设

伴随着高职教育的不断深入发展，校企合作、产教融合一体化的教育模式也在逐步发展。但是目前中国的高职教育建设并不完善，亟待加强。本章以新时期高职院校产教融合推进"双师型"教师队伍建设为主旨，重点论述"双师型"教师的概念、"双师型"教师队伍建设的理论依据、产教融合背景下的"双师型"教师队伍建设三个方面的内容。

第一节　"双师型"教师的概念与资格认定

一、"双师型"教师的概念

职业教育的关键在"双师型"教师。早在1995年，原国家教委便规定，专业课教师和实习指导教师要具有一定的专业实践能力，其中"双师型"教师占比要超过1/3，这是"双师型"教师的概念在政策文件中首次使用，也标志着国家职业教育政策探索与职业技术教育特点相符的师资素质的开始。

依据《教育部办公厅关于做好职业教育"双师型"教师认定工作的通知》（教师厅〔2022〕2号）附件第1~4条："双师型"教师是指贯彻党的教育方针，热爱职业教育事业，具有良好的思想政治素质和师德素养，落实立德树人根本任务，遵循职业教育规律和技术技能型人才成长规律，具备相应的理论教学和实践教学能力紧跟产业发展趋势和行业人才需求，具有企业相关工作经历，或积极深入企业和生产服务一线进行岗位实践的教师，理解所教专业（群）与产业的关系，了解产业发展、行业需求和职业岗位变化，及时将新技术、新工艺、新规范融入教学的教师教育的关键在于教师。

加强"双师型"教师队伍建设是加快推进现代职业教育体系建设的关键环节，国家层面制定"双师型"教师认定标准是教师队伍专业属性的表达。近年来，国家出台了《职业教育"双师型"教师基本标准（试行）》《关于深化现代职业教育体系建设改革的意见》等文件，高度重视"双师型"教师的分层分类认定和定制化、个性化培养。新一轮科技革命和产业变革深入发展，数字化、网络化、智能化赋能职业教育高质量发展，对"双师型"教师素养提出了更高要求。高职院校以国家和省级要求为基本遵循，科学设计适应数字化转型、彰显本校特色、为教师量身打造的认定标准，在认定过程中丰富企业评价维度，对深化新时代教育评价改革，打造"良匠之师"具有重要意义。

二、新时期对"双师型"教师素养的要求

职业教育作为与经济社会发展结合最为紧密的教育类型，在数字化转型过程中受到的冲击最大，受益也最明显。随着产业数字化和数字产业化进程的不断推进，再加上学生对高质量就业和全面发展的诉求，对高职院校"双师型"教师素养提出了新的要求。

（一）具备高尚的师德，促进劳模精神和工匠精神传承

"师也者，教之以事而喻诸德者也。"教师承载着传播知识、传播思想、传播真理、塑造灵魂、塑造生命、塑造新人的时代重任，是培养德智体美劳全面发展的高素质技术技能型人才的关键力量。

"双师型"教师要具有良好的思想政治素质、职业道德素质、科学文化素质、技术技能素质，教书与育人相统一，将劳模精神、劳动精神、工匠精神融入人才培养全过程，增强育人的主动性、针对性、实效性。高职院校要把师德师风作为衡量"双师型"教师能力素质的第一标准，以师德标兵、师德优秀案例等为抓手，建设一支理想信念坚定、理论基础扎实、实践能力突出、研发服务能力领先的专兼结合的"双师型"教师队伍，提升职业教育人才培养与产业发展的契合度。

（二）具备熟练的实践技能，掌握行业新规范、新技术、新工艺

《职业教育"双师型"教师基本标准（试行）》明确要求"双师型"教师要能紧跟产业发展趋势和行业人才需求，及时将新技术、新工艺、新规范融入教学。现阶段高职院校教师队伍还存在从企业引进的技术专家、高技能人才和能工巧匠相对较少，教师企业实践经历缺乏等问题，对人才供给侧与产业需求侧的人岗匹配度造成较大影响。因而，高职院校"双师型"

教师应加强到企业挂职锻炼，掌握企业的最新技术、管理理念以及发展趋势，研究产业与专业的逻辑关系，把职业标准转化为教学标准，把岗位能力转为教学内容，提高专业素质和实践教学技能。

（三）具备扎实的专业教学能力，遵循职业教育规律探索教育教学改革

我国学者对职业教育提出"尊重个性、因材施教"的教学原则。教育部正在逐步建立的职业教育高考制度，拓宽了职业院校学生成长成才通道，同时学生多样化的发展需求也使职业教育教学改革面临着巨大挑战。这就要求高职院校"双师型"教师能够遵循职业教育教学规律，根据学生的生源结构和特点进行学情分析，在掌握数字化背景下行业企业对专业人才需求的新变化的基础上，理清企业岗位对技术技能型人才知识、能力、素质的需求，充分利用数字化技术和优质数字资源，与学生共同制定成长规划，促进学生高质量就业。

（四）具备深厚的数字素养，适应数字化转型需要培养人才

2022 年，《教育部关于发布〈教师数字素养〉教育行业标准的通知》，从数字化意识、数字技术知识与技能、数字化应用、数字社会责任以及专业发展五个维度描述了未来教师应具备的数字素养，旨在扎实推进国家教育数字化战略行动，完善教育信息化标准体系，提升教师利用数字技术变革教育教学活动的意识、能力和责任。解决劳动力市场结构性矛盾，增强职业教育适应性，需要技术技能型人才具备将现代信息技术运用于产品研发、成果转化、高效生产和精细管理等领域的能力和素质。因此，高职院校要将数字素养融入"双师型"教师认定、培养与评价的全过程。

三、"双师型"教师的认定

（一）高职院校制定"双师型"教师认定标准的逻辑

2022 年，《教育部办公厅关于做好职业教育"双师型"教师认定工作的通知》要求组建由教育部门、行业企业、院校专家等共同组成的认定专家评议委员会，从而满足各利益相关者对职业教育的不同需求。

1. 历史逻辑

国外的成功经验为我国制定"双师型"教师认定标准提供了有益参考。

历史逻辑是根据事物发展的背景和发展的阶段分析其合理性并研究其发展根源。我国"双师型"教师与德国双元制教师具有相同的内涵特征，强调教师应同时具有教学能力和实践能力，并对教师的企业实践经历提出了明确要求。

（1）逐步建立教师准入制度。德国、英国等发达国家都建立了职业院校教师准入制度，如德国的《职教师资培训统一规范》、英国的《合格教师专业标准》等。借鉴国外的成功经验，1995 年，我国首次提出了"双师型"教师的概念。更是在 2006 年，《教育部关于全面提高高等职业教育教学质量的若干意见》中明确提出要"逐步建立'双师型'教师资格认证体系，研究制订高等职业院校教师任职标准和准入制度"。

（2）逐步形成分层分类的标准体系。国外职业教育重视教师分层分类发展。英国发布《新教师标准》《老教师标准》《高级教师标准》，将教师专业标准分为国际教师专业标准、国家教师专业标准和地方教师专业标准；澳大利亚发布《教师教育毕业生专业标准》，将教师专业标准分为社会科学教师专业标准和自然科学教师专业标准，主要包括专业知识、专业技能、专业实践等核心要素。国外的教师标准为我国制定职业教育"双师型"教师认定标准提供了参考。2010 年，重庆市在全国最早发布《中等职业学校"双师型"教师认证标准》。2018 年，山东商业职业技术学院发布《"双师型"教师资格认定与管理办法》，将"双师型"教师分为初教、中级和高级三个层次，并分别指定认定条件，明确量化指标。但是，当前我国"双师型"教师资格认定上还存在着认定主体单一、认定标准不统一、认定程序不规范、认定结果不权威等问题。

2. 理论逻辑

理论逻辑能够满足各利益相关者对教师的不同利益诉求。理论逻辑反映事物内在要素之间的必然联系和内在规定。从理论上来说，"双师型"教师认定是以产教融合、校企合作为特征，政府、学校、企业、教师、学生等多元主体参与的复杂性、系统性的工作。

（1）不同利益相关者持有不同的利益诉求。美国学者米切尔（Mitchell）认为利益相关者必须具备合法性、权利性以及紧迫性三个属性中的至少一种。对职业教育来说，利益相关者是指影响职业教育发展或受职业教育发展影响的团体或个人。不同利益相关者为了使自己的利益合法化，对职业教育"双师型"教师提出了不同利益诉求。①对政府而言，是落实《中华人民共和国职业教育法》，发挥推动现代职业教育高质量发展职能的需要；②对学校而言，是展现本校办学特色，提升服务经济社会发展能力的需要；③对企业而言，是提升人力资本水平，提高企业竞争力的需要；④对教师而言，是培育"双师"素养，提升理论教学能力和实践教学能力的需要；⑤对学生而言，是获取知识和技能，提高就业能力和可持续发展能力的需要。

（2）不同利益相关者关注的认定标准的具体内容不同。在明确了政府、学校、企业、教师、学生等不同利益相关者的利益诉求后，还需要研究利益相关者。为实现教师个人发展与团队发展相结合，"双师型"教师的认定标准应包括通用标准和发展标准。其中，通用标准应包括思想政治素养、师德素养、理论教学能力实践教学能力、教学改革能力、研究能力、信息素养、企业经历等，尤其重视教师主动适应现代数字化转型需要，探索"人工智能＋教学模式"改革，开发和利用数字化教学资源，创设数字化、智能化教学场景的能力。发展标准应针对"双师型"教师初级、中级、高级不同层次的具体要求，在专业知识与技能、教育教学研究、教学研究成果、技术成果转化、职业资格证书等方面做出明确规定，并对取得成果的数量和质量、产生的经济效益和社会效益进行量化。

3. 实践逻辑

"双师型"教师认定标准以国家政策为遵循并彰显职业教育特征。实践逻辑是理论逻辑产生和发展的现实基础。"双师型"教师是推进职业教育高质量发展的关键要素。

（1）建立"双师型"教师资格认证体系。2018年，《中共中央国务院关于全面深化新时代教师队伍建设改革的意见》提出要"全面提高职业院校教师质量，建设一支高素质"双师型"的教师队伍"。2019年，《深化新时代职业教育"双师型"教师队伍建设改革实施方案》提出"建设分层分类的教师专业标准体系""推进以"双师"素质为导向的新教师准入制度改革""深化突出'双师型'导向的教师考核评价改革"。为打造高水平、高层次的技术技能型人才培养队伍，2021年《教育部财政部关于实施职业院校教师素质提高计划（2021—2025年）的通知》明确要求"突出"双师型"教师个体成长和"双师型"教学团队建设相结合""强化教师到行业企业深度实践"，从而为各高职院校开展"双师"认定与评价，提升"双师"素养提供了制度保障。

（2）建立"双师型"教师三级认定标准体系。《职业教育"双师型"教师基本标准（试行）》为"双师型"教师认定工作明确了路径，指引了方向。山东、河北、江西等省份以国家政策文件为指导，结合地域特征，制定出台了本地的"双师型"教师认定标准，并指导各职业院校制定符合本校实际的校本认定标准。具体内容包括：明确了"双师型"教师的认定范围、认定对象、基本标准，并从教学能力、教研能力、实践能力等维度对初级"双师型"教师、中级"双师型"教师、高级"双师型"教师的认定条件进行量化，详细规定每个级别的教师应具备的专业知识、专业素质和技术水平等，逐步建立起"国家—省市—学校"三级认定标准体系。

（二）高职院校开展"双师型"教师认定的有效路径

1. 遵循教师发展规律，分层制定认定标准

依据专业知识与技能的差异，美国学者伯利纳（Berhner）将教师专业发展分为五个阶段，即新手阶段、熟练新手阶段、胜任阶段、业务精干阶段、专家阶段。结合职业教育教学规律和教师专业发展特征，可将"双师型"教师按照不同发展阶段分为新入职教师、骨干教师、专业带头人，设计初、中、高三级认定标准。由于不同发展阶段教师的发展需求各不相同，因此，应坚持以需求为导向，紧密围绕国家经济社会发展和产业转型升级的要求，形成横向联通、纵向递进的"双师型"教师资格认定标准体系，提高人才培养与社会需求的契合度。

2. 分析教师属性特征，实施分类认定

高职院校教师既应具有教育学理论基础，还应具有行业企业工作经历或实践经验，在专业大类、教育层次等方面特征明显。这就决定了"双师型"教师认定要进行科学的分类，为不同类型教师的个性化发展畅通通道。

（1）根据专业大类不同分类制定认定标准。目前，高职院校正在使用的专业大类共19个，分别对应着不同的职业、岗位群和技术领域。各专业大类职业面向不同，对教师的能力和素质的要求也不同，因此需要根据专业特征制定差异化的"双师型"教师认定标准。

（2）根据教师教育层次不同分类制定认定标准。高职院校教师的来源主要有普通高校毕业生、职业技术师范学院学生和企业兼职教师，学历涵盖了本科、硕士和博士不同层次。因此，需要根据教师教育层次制定差异化的"双师型"教师认定标准，可以将发明专利、指导学生技能竞赛、参

与行业标准研发、服务行业企业成果等纳入认定条件。

（3）根据教师身份不同分类制定认定标准。高职院校"双师型"教师包括校内专任教师和企业兼职教师。校内专任教师具有扎实的教育基础理论和专业知识但实践经验不足，教学能力强但操作能力弱；企业兼职教师具有丰富的生产一线经验和较强的解决问题的能力，但缺乏教育理论知识、教学能力不足。因此，需要根据教师身份制定差异化的"双师型"教师认定标准。

（三）系统构建认定与培养体系，促进教师差异化成长

2022年，《关于深化现代职业教育体系建设改革的意见》明确了职业教育改革的重心由"教育"转向"产教"，因此，职业教育"双师型"教师认定标准对教师的要求是要遵循职业教育规律和技术技能型人才成长规律，践行产教融合、校企合作，做到工学结合、知行合一、德技并修。系统构建高职院校"双师型"教师认定与培养体系要做到以下两点。

（1）以认定标准为引领，构建"新入职教师→骨干教师→专业带头人"三层递进的金字塔式个人能力发展目标体系，形成不同层级的能力要求图谱，并根据教师个性化的职业生涯发展规划精准施策，开展定制化培训，为教师分层发展铺路搭桥。

（2）充分发挥企业对教师培养培训的重要作用。利用"双师型"教师培训基地、教师企业实践基地、企业实践流动站、名师工作室、技能大师工作室等平台，以行业企业新技术、新工艺、新规范和职业岗位需要为主线，构建职前职后一体化、校企双主体的教师培养培训体系，实现培养地点涵盖学校和企业、培训内容包括课堂教学和企业实践，促进教师专业化发展。

（四）校企共建认定平台，建立多元主体共同参与的评价机制

教育部等四部门联合印发《深化新时代职业教育"双师型"教师队伍建设改革实施方案》明确提出"建立职业院校、行业企业、培训评价组织多元参与的'双师型'教师评价考核体系"。建立多元主体共同参与的评价机制既是职业教育跨界性特征的重要体现，也是增强职业教育适应性的关键环节。多元主体共同参与"双师型"教师的认定与评价，能帮助教师及时掌握企业实际岗位需求，提升岗位技能。

（1）高职院校要吸引企业共建"双师型"教师认定平台，建立教师层级发展数据库，借助信息化手段，将分层分类的认定标准与教师的发展过程相匹配，为每位教师提供精准画像，帮助教师实时监测自身"双师"素质能力发展进程，查找差距，弥补不足。

（2）高职院校将企业实践效果、企业工作经历等纳入"双师型"教师认定评价指标体系，加大企业的评价权重，重视企业对教师实践技能、技术成果转化、职业适应性的评价，这有利于提高"双师型"教师认定的权威性，满足各利益相关者的不同利益诉求。

（3）高职院校对已认定的"双师型"教师实行动态管理，有效期满，教师需要重新申请资格认定。同时，高职院校要在每学年末进行量化考核，并对未完成工作目标的教师实施限期整改直至取消相应资格，推进教师队伍整体素质不断提升。

第二节 "双师型"教师队伍建设的三个维度

一、"双师型"教师队伍建设的基础维度——内容建设

（一）教学交流

1. 教学实训基地

为促进校企深度合作，各相关企业需协助校方建设实训室，提供实训解决方案，并给予一定的支持。实训基地的建设要有效解决校方新专业建设过程中所涉及的课程设计、人才培养方案、培养目标的制定及配套实训设备投入等问题，加快专业建设步伐，抢占发展先机。

2. 实习实训指导

各院部与相关企业签订合作协议，结合相关企业的实际情况制定顶岗实习、工学结合计划（包括学生人数、专业、实习时间、实习内容、负责人等），经双方确认后执行。实习期间，校方需派出实习带队老师负责具体实习任务，保证学生遵守有关法规和相关企业的管理制度。企业派一线能工巧匠指导学生实习，提高学生的实际动手能力，积累实际经验。校企共建课程、共同开发教材。学校聘请企业"能工巧匠"和"技术能手"实施弹性教学安排，灵活安排教学时间，与学校教师共同开发实践教学课程内

容，负责学生技能训练指导，承担实践教学任务，确保优秀兼职教师到校授课；专任教师到合作企业顶岗实践，提高教师的实践能力；教师参与企业的技术革新、设备改造与新产品的研发，承担企业员工继续教育的培训工作。

（二）师资交流

1. 学校教师深入企业

学校选派教师到合作企业培训锻炼，通过学习获取企业先进的新知识、新技术、新工艺和新方法，多方面、多途径地培训专任教师，充实专任教师的"双师"素养。各院部根据教学任务的安排情况，每年选派一定的教师到企业锻炼学习。学校专门出台了《教师进企业（或部门、单位）挂职锻炼管理程序》，明确相关管理要求。优先安排没有实践工作经历的教师要作为驻点带队教师到企业或相关单位管理学生的实习。所有教师要优先考虑借助于带队实习的机会，加强与企业的联系，深入企业历练实践能力。具有企业工作经历的教师或具有高级职称的教师要同时在企业开展技术开发等项目合作。

各院部及学校教务处、人事处、科研处和督导处等职能部门要不定期地到企业走访，了解教师在企业的工作、学习情况，包括到岗情况、工作内容、工作纪律和工作成效等，探讨交流、解决问题。教师进企业实践结束，要撰写总结并填写《职业技术学院教师进企业实践考核表》，提交进企业实践效果的证明材料，如完成课题的报告或论文，搜集的有利于教学教研的案例材料；与企业合作共同开发的培训资料；为企业培训员工、提供咨询、解决实际问题等方面的企业证明和案例材料；与企业签订的课题合作协议；企业捐赠学校的设备和资金证明材料等。

各院部、教务处、人事处等有关部门对教师进企业实践的情况进行综合考核，评定考核结果。有下列情况者视为考核不合格：①实践时间内，学校检查或抽查到教师缺岗，且经核实事先没有向所在院部办理请假手续的。②教师在实践时间内，不遵守实践单位规章制度，造成投诉并影响恶劣或导致学校形象受损的。教师进企业实践回校后，要在院部范围举行进企业实践成果汇报会，汇报自己的实践情况、收获与体会。教师进企业实践期间的待遇按照高职院校有关规定执行；对考核不合格的教师，扣减或不计绩效津贴；对进企业成绩显著的教师，学校按其贡献给予适当奖励。

经批准在寒暑假期间进企业实践的，按加班标准每天计算补助。对于考核不合格的，则应减少直至取消补助。

2. 企业专家进学校

学校聘请企事业单位的专家、技术骨干和能工巧匠到学校担任兼职教师，传授实践技能和知识技术的应用，承担部分专业实训课及相关课程的教学任务。积极推荐优秀教师为企业职工进行培训，也可推荐学校高层（院、部领导）担任企业顾问，定期进行系列讲座，并创造专任教师和兼职教师交流的机会，如在筹建专业实验、实训室，组织教研活动等方面，积极邀请兼职教师参与，认真听取他们的意见和建议。让兼职教师指导校内教师的实践教学活动，安排专任教师和兼职教师结成对子，互通有无、取长补短等。

外聘兼职教师的任职条件包括：①具有良好的师德，较强的敬业精神。②具有一定的教育教学经验，熟悉高等职业教育的教学方法。③具有中级以上专业技术职称或本科以上学历，专业知识水平较高，能胜任所讲授的课程或毕业设计论文的指导工作。④某些专业课程经批准可适当放宽任职条件，但需持有相关专业职业资格证书，或技能岗位等级为高级以上，或具有相关专业 3 年以上的工作经历，身体健康、精力充沛，能完成教学任务。

外聘兼职教师的管理由学院（部）、教务处、督导处和组织人事处负责。各院（部）按统一的要求建立起本学院（部）外聘兼职教师档案。组织人事处汇总并建立全校外聘兼职教师档案库。各院（部）具体负责兼职教师的日常管理工作。每学期召开一次外聘兼职教师工作会议，了解外聘兼职教师的教学情况，通报学校教学信息，总结教学工作。教务处负责审核和检查兼职教师的教学工作量。兼职教师的教学质量由督导处和院（部）共同监控。督导处、各院（部）根据教学计划的要求，应不定期抽查和了解外聘兼职教师的授课情况和课程辅导、作业批改等情况，检查教学质量。对学生意见强烈、教学效果差或严重违纪的外聘兼职教师，由督导处、各院（部）研究后及时予以辞退，并由各院（部）做好后续的工作。

外聘兼职教师的教学工作内容包括上课、辅导、批改作业、出试卷、批改试卷、评定成绩和试卷材料归档等。按学校的教学计划、课程标准等教学文件进行讲义组织和教案制定，按行动导向、学生主体的要求实施教学，必须备有所教课程的教案，以保证教学质量。学期第一周填写"授课进度计划"并经各院（部）审核后交教务处存档备查。严格按照课程表授课，未经聘任学院和教务处批准，不得擅自调课、停课或者更换教师。因事因病请假，复课后必须及时补课。认真进行课程辅导，作业批改。参加所授课程试卷的出题、监考和评卷等工作。在每学期课程考试结束后，按学校要求及时录入和送交学生成绩，并按照学校对试卷相关材料的要求，提供相应的材料。参加各院（部）组织的集体教研活动，每学期参加教研活动不少于 4 次，并对学校的各项工作提出合理化建议，共同组织好教学活动。

（三）技术交流

双方合作进行各种类型、各个层次的科学项目研究开发，可以通过相关媒体刊登相应的科研成果。校企联合参与行业活动，双方利用各自优势资源，在符合当地区域经济特色的各种行业项目中开展深层次合作，发挥学校与企业双方各自的优势，构建"双师"双向交流、校企双向服务的机制，借助双方的师资、技术、场地和设备的优势，以项目合作形式开展核心课程建设、新产品的研制、高技能与新技术培训、继续教育等方面的合作。同时，争取政府支持，共同研究、共同开发、共同实施，促进地方经济发展。校企双方利用各种学术会议、行业会议和有关推广资源，推荐介绍对方，以提高双方的知名度和影响力。

（四）文化交流

学校与企业合作举办多样化的活动（校企合作交流会、企业文化活动、企业调研活动、创业大赛、创业成果展示等），为在校大学生推荐校企合作项目。这些活动可邀请政府部门、媒体、企业家和专家教授等前来参加。

二、"双师型"教师队伍建设的实践维度——组织实施

各院部校企合作办公室负责"双师"双向交流的组织实施。为提高工作效率，各院部与相关企业要成立双向交流联络工作小组，工作小组由双方各委派一到两名工作人员组成。联络小组负责日常联络工作，提出阶段性合作计划，协调解决交流中的有关具体问题。

原则上每个专业，每学期与相关企业和兼职教师所做的交流要达三次

以上。每次交流要做好记录，各院部负责检查本院部"双师"双向交流情况，组织人事处负责检查各院部"双师"双向交流情况。

各院部定期走访企业人事部门负责人，了解企业发展情况、人力资源情况和在岗员工技术、技能提升的需求，及时为企业发展提供人才培训服务，落实"双师"双向交流计划，分析、交流工作的开展情况。

专业是高职院校人才培养的载体和平台，专业建设是高等职业院校的核心工作。专业建设的核心是师资队伍建设，师资队伍建设的目的是促进专业发展，两者相辅相成。

因此，在师资队伍建设中必须树立"队伍建设服务专业建设、专业建设促进队伍建设"的思想，达成按专业建设主线有序配置师资队伍资源的共识，建立起分层次分重点、共同目标共同投入的人才引进和培养机制；全面实施"以人为本、人才兴校"的发展战略，创新师资管理模式，建立有利于优秀人才成长和施展才华的运行机制，改善和优化师资队伍结构，努力开创师资队伍建设新局面。

三、"双师型"教师队伍建设的保障维度——制度建设

校企共同修订完善关于"双师"双向交流的实施意见等文件，不断完善"责任明确、管理规范、成果共享"的"双师"双向交流机制。聘请企业工程技术人员承担实践教学任务，与学校教师共同开发实践教学课程内容，负责学生技能训练指导；专任教师到合作企业顶岗实践，提高教师实践能力；教师参与企业的技术革新、设备改造与新产品的研发，承担企业员工继续教育的培训工作。通过校企合作实现专任教师与企业技术人员的对接，解决"双师素质"教师队伍的建设问题，构建校企教学研究团队和技术创新团队，深入钻研技术、研发新产品新工艺、开发实践教学体系，共同开发和实施工学结合课程、共同开展技术研发，提高教育教学水平和企业生产效率。

高职院校出台的相关文件，着力于构建双向交流的动力机制。文件需进一步明确对进企业锻炼教师及来学校兼职的企业员工在政策方面的支持及相关奖励激励措施，并明确在考核评优、职称评审、绩效考核、培训进修等方面向"双师型"教师倾斜。此外，校企共同制定相关文件，不断完善"互利共赢、共建共管"的实践教学基地共建机制，不断完善"责任明确、管理规范、成果共享"的"双师"双向交流机制。

第三节 产教融合背景下的"双师型"教师队伍建设存在的问题与对策

一、高职院校"双师型"教师师资队伍建设存在的问题

经过多年的努力，高职院校在"双师型"教师队伍建设方面已取得了很大的成效，为高职教育的进一步发展奠定了较好的基础，对于注重培养高素质高技能型人才的职业教育来讲，既能进行理论教学，又能进行实践操作指导的"双师型"教师，是职业院校的"刚需"。但现实情况是，在当前职业院校"双师型"教师队伍建设过程中，由于师资结构不合理、实践教学能力薄弱、培训机制不健全、评价管理不足等原因产生了一些问题，不能完全适应高职教育改革发展的要求，难以满足职业教育培养高素质技术技能型人才的需要。

（一）师资队伍结构不能适应人才培养的新要求

高职院校师资队伍结构主要表现在教师的年龄、学科、职称等方面，它直接反映出教师队伍的质量、能力和学术水平等基本状况，是高职院校师资队伍中可量化的要素。高职院校师资队伍结构的合理性是反映高职院校教师队伍质量和适应高职教育所需能力的重要标准，它影响着高职院校的教学与科研的整体质量。我国高职院校师资队伍不仅在总体数量上较为匮乏，在结构上也需要优化。目前，从整体情况来看，高职院校"双师型"教师师资队伍的结构在年龄、学科、职称分布上都存在着不平衡的现象。这很不利于教师队伍的新老交替。

从专业结构上来看，由于我国高校学科划分过细，造成高职教师知识面较窄，从而无法承担跨专业的教学工作，不能满足高职教育发展的需要。此外，新增专业教学任务重，部分老教师退休，高水平拔尖人才、学科带头人和骨干教师数量不能适应专业的发展，造成专业梯队、科研团队数量少，部分专业整体教学、科研力较弱，影响师资队伍创新能力的提高。从职称结构上来看，截至2022年底，全国高等教育具有高级职称专任教师比例为42%左右，中级职称教师和助教及见习教师占58%左右。高级职称教师比例尚可，中级职称教师和助教及见习教师比例过大。从师资数量上来看，师资总量相对不足，使教师不得不疲于应付教学工作，因而影响了教

学质量的稳步提高。

（二）实践能力偏弱，"双师型"教师综合能力有待提高

（1）随着高职院校办学规模的扩大，师资队伍的组成和来源发生了很大的变化，越来越多学历层次高的青年教师从学校毕业后直接加入到教师队伍中来。他们的知识结构较新，专业理论水平相对较强，但他们从学生直接成为教师，中间缺乏实践锻炼的环节，也没有经过专业的培训，自身水平与培养学生岗位能力要求有较大差距，教学能力欠缺，不能很好地胜任教学工作。随着产业结构调整的加快，新工艺、新技术的广泛应用，尤其是网络信息技术的普及，原来认定的一些"双师型"教师，由于未能及时地接受、消化和使用新科技，在动手能力方面逐渐变弱。

（2）为提高"双师"教师的理论知识水平和实践操作技能，目前许多高职院校制订了各种教师培训方案，如鼓励教师积极参与企业实践，以提高教师的"双师"素质。但实际情况是，企业实践通常要求教师全脱产到岗，而大部分高职院校的教学任务相对比较重，教师们精力有限，因此造成了教师的企业实践基本流于形式，并不能真正落到实处，对促进教师实践能力的提升作用并不明显。

（三）师资来源单一，"双师型"教师队伍结构失衡

当前大部分高职院校"双师型"教师的总体数量虽然得到了大幅度提升，但师资来源单一，高职院校的新教师大多是硕士或博士毕业生，是高职院校、企事业单位引进的高技能人才。虽然国家层面一直在强调要从企业引进教师，同时聘请企业技能大师、兼职教师等到校任教，但由于文件执行的非强制性成效并不明显。目前来看，一些高水平的高职院校师资引进的基本要求是博士研究生，尽管他们的专业理论研究水平较高，但他们对高职教育理念缺乏深层次认知，且实践教学能力水平与"双师型"教师的要求也有一定的差距，这在某种程度上都制约着高职院校"双师型"教师队伍建设的发展。与此同时，企业中经验丰富的技术人员很难进入教师团队，有企业工作经历的专任教师和企业工程技术人员以及各类技术技能大师等兼职教师的缺乏，也导致"双师型"教师队伍结构性失衡。

（四）"双师型"教师资格再认定管理不足

尽管当前教育主管部门对如何鉴定一名职业院校教师是否符合"双师型"教师并没有明确的标准，也没有国家层面的统一认定，但其共同点都强调职业教育教师的专业理论和专业实践能力。很多院校把"双师"等同于"双证"(同时具备教师资格证和职业资格证),并没有深入去了解教师的真实能力,这样的"双证"教师在实际教学工作过程中其实是不利于培养学生的实践动手能力的,对于高职院校高素质应用型人才的培养也是不利的。西方国家对教师的职业资格证书有时效性的规定,即要求他们获取证书后还要进一步学习、更新专业知识,以跟上职业教育发展的步伐。同时,"双师型"教师资格如果没有再认定制度和后期的有针对性的培训,不少教师都认为评上"双师型"教师就足够了,不会去想如何持续提高自身的专业技能水平。另外,不定期更新与认证也容易导致教师的懈怠。因此实行"双师型"教师资格定期再认定,是非常有必要的一项举措。

(五)双师型教师培训和激励机制不完善

当前高职院校"双师型"教师队伍能力提升的培训一般包含以下三个层面。

(1)学校层面对教师的针对性培养,包括"双师型"教师的岗前培训,如研讨会、讲座和实地考察,但这些多流于表面,没有深入系统的实践培训学习。

(2)校外层面开展相关的专业技能学习和培训(如省培、国培项目),这种形式能有效促进"双师型"教师个体能力的提升,但鉴于当前培训多采用假期线上线下结合的方式,加上设备资源匮乏,培训效果并不理想,也难以实现真正的教师实践能力提高。

(3)校企层面的短期集中培训和进企业实践等形式,在企业真实的工作岗位上,获取专业的技能训练,这是职业教育师资培训最有效又最受限的一环,但由于高职院校经费和管理的不足,缺乏顶层设计,没有与企业建立真正的沟通平台,加上教师本身的教学任务繁重,培训总体效果不佳,不能满足职业学校教师的实际需求。在"双师型"教师队伍建设的激励机制方面,在教师福利待遇和个人发展方面(如课题申报、职称评审等),并没有给"双师型"教师提供政策优势,教师脱产到企业实践也没有相关奖励,这对"双师型"教师的培养产生了一定程度的消极影响,没有发挥出"双师型"教师应有的价值和作用。

(六)教师教育创新的思想和活力不强

高职院校教师由于受到传统教育观念、自身能力等因素的制约,创新教育思想的活力不足，主要表现在以下几个方面。

（1）对学生采用灌输式教学，衡量教学效果主要看学生对知识掌握的程度，偏重于基础知识的传授，轻视对学生学习兴趣、思维活力和创新精神的培养。

（2）按照传统的标准和要求教学，只关注学生的同一性和规范性，忽视学生的多样性差别，缺少对学生主体性和个性化的充分认识，对学生的创新思维和创新能力培养力度不够，教学内容陈旧，教学方法不够合理。

（3）由于教师课程负担较重、创新训练不够且参与科研项目较少，造成师资队伍整体创新能力不强。

（七）高水平的外聘教师难请，对兼职教师缺乏有效的管理

《国家中长期教育改革和发展规划纲要（2010—2020年）》中明确指出要"完善相关人事制度，聘任（聘用）具有实践经验的专业技术人员和高技能人才担任兼职教师，提高持有专业技术资格证书和职业资格证书教师比例"。高等职业院校教师队伍建设要适应人才培养模式改革的需要，必须大量聘请行业、企业的专业人才和能工巧匠到学校担任兼职教师，加大兼职教师的比例，形成实践技能课程主要由具有相应高技能水平的兼职教师讲授的机制。与此要求相比，高职院校外聘的兼职教师总体质量不高，而且主要承担的还是理论教学，没有充分发挥出兼职教师在实际操作技能指导方面的作用。高职院校也没有针对他们制定出相应的规范制度，难以对他们进行有效的管理。

二、高职院校师资培养的对策建议

高职院校通过拓宽人才引进渠道、完善教师激励机制、健全教师培养体系等一系列手段和措施，可以建立一支结构合理、师德高尚、技术过硬的高水平"双师型"教师队伍，为培养应用技能型人才提供强有力的保障。下面具体进行分析。

（一）拓宽人才引进渠道，优化"双师"队伍结构，搭建师资培养平台

1. 引育并举，创新教师补充机制

（1）在引进人才方面，一是根据学校需求设置特聘岗位，引进企业高技能人才，形成学校和企业双向流动的"双师型"教师用人机制；二是积

极开拓新渠道，通过行业企业引荐、新媒体宣传等方式引进高层次高水平人才，如行业企业名师、技能大师、技术能手、专业带头人等。大力加强人才引进的力度，吸引高层次人才加盟学校，尤其要围绕专业和团队建设，注重引进高层次领军人才、具有海外工作背景和博士学位的人才，促进多学科交叉融合，增强师资队伍整体创新意识。聘请大师级人物对专业建设和人才培养进行指导，必要时可采取"柔性引进人才"机制，坚持"不求所有，但求所用"理念，尽快提高专业带头人数量和加强人才梯队建设。同时，要积极引进有行业、企业工作经历的专业人才，加大兼职教师队伍建设力度，努力聘请各行各业的能工巧匠和专业技术人才担任兼职教师，从而构建一支高质量的"双师"结构教学团队，提高师资队伍建设的整体水平。

（2）在内部培育方面，建立有针对性的培养体系，建立师资培训的组织机构和专家队伍，以精品专业和核心课程体系建设为抓手，加大培养专业带头人和骨干教师的力度，努力打造优秀的教学团队。这是达到高职院校师资培养效果和提高教学水平的关键。利用集中授课、同行听课或导师指导的形式进行岗前培训，发挥已有"双师型"教师的作用，促进校内传统教师和企业引进教师在协同发展中共同向"双师型"教师进行转变。要注重强化实践技能，培养"双师"素质教师。努力提高教师的实践教学能力，制定相应的鼓励政策，完善管理，要求专业教师尤其是青年教师每隔一两年到企业一线挂职实践一段时间，提高教师的实际工作能力；资助教师参与"产学研"基地的技术服务或应用技术研究，培养教师的科研能力；鼓励教师拿到国家劳动部门认可的中高级技术等级证书。

（3）依托国内名校加强师资队伍的培养，知名高校的优质教学资源对高职院校的师资队伍建设具有十分重要意义，借力于知名高校的优质教学资源，可以对高职院校师资培养发挥不可或缺的作用。一是知名高校拥有一批具有良好的理论教学水平和科研开发能力的教授和专家，这是培养高职院校专业师资的重要力量。二是知名高校具有悠久的办学历史和文化底蕴，及比较成熟的教学管理、学生管理、师资管理经验，学习借鉴知名高校的有益经验，是高职院校提高教学管理队伍水平、提升办学能力的一个有效途径。三是知名高校拥有良好的科研机构、科研设施和科研开发能力，是高职院校开展"院校合作"，提高教师的技术研发能力，培养"双师"素质教师的重要保障；另外，知名高校的优秀毕业生也是高职院校师资的重要来源。因而，高职院校在师资培养方面可以建立起与知名高校合作的创新平台，以人才培养、专业建设、科技服务为重点，以项目为基础，努力形成"多向参与、优势互补、互惠互利、共同发展"的良性运行机制。学院还应努力探索"访问学者"、通过教师在职攻读硕博学位等进修方式，鼓励和派遣中青年教师到知名高校研究所（研究中心），围绕课题及科研项目跟随导师进修学习，提高中青年教师的技术应用和科学研究能力。

2．推进兼职教师队伍建设

高职院校在招聘兼职教师时可以自主聘请一线技术人员、专家、高级技术人员或技术能手作为学院产业教授和兼职教师，开展课堂教学、实训课程指导、专业建设和课程建设指导等，推动企业人才和职业院校教师双向流动，在获取行业一线、专业领域的最新知识与技能的同时，提高本校"双师型"教师的综合能力。要规范对兼职教师的管理，加强兼职教师的队伍建设。制订外聘兼职教师方案，完善兼职教师考核制度，进一步推进兼职教师的聘任和管理制度化、规范化；扩大兼职教师比例，逐步形成实践技能课程主要由具有相应高技能水平的兼职教师讲授机制；学生在校外实习或顶岗实习过程中，主要依靠兼职教师指导。

（二）设置教师激励机制，完善考核评价体系

1．透明公开，强化教师激励机制

（1）提升"双师型"教师的薪资待遇，使普通教师愿意向"双师型"教师转变，鼓励教师利用寒暑假期间真正参与企业的实际工作项目，切实提高教师的实践动手能力。

（2）设立专项资金，用于教师继续深造、参与专业性培训或技能培训，提高教师的综合素质。

（3）加大科研奖励，在职称评审时考虑科研方面的成果和贡献。

（4）加大硬件投入，持续不断做好校内外实训基地建设、实验室建设，解决设备短缺的问题。这样才能真正提高"双师型"教师工作的积极性，稳固长效激励机制。

2．明确"双师型"教师的岗位职责，完善考核评价体系

各职业院校应当结合本校实际情况，建设出符合"双师型"教师的考核评价体系。在论文、论著等科研成果方面考核评价的比重应区别于普通教师，要破"五唯"，重视教学实践与改革，增加对教师教学能力、专业技能、指导学生参加校外学科竞赛、开展技术服务以及科研能力等方面的考核比重，同时在年终考核和职称评审时将教师的师德师风表现、技术技能获奖、教育教学实绩作为主要依据，结合"双师型"教师定期再认证制度，鼓励教师不断提升素养以保证跟得上时代的步伐。

（三）构建多元培养格局，完善培训体系

1. 注重高职院校自身教师培养机制建设

高职院校应探索建立适合自身特点的教师培养培训体系，将职前培养、入职教育和职后培训进行有机的统一，采取灵活多样的培训形式，为教师各项业务能力的提高提供有利的平台和广阔的发展空间。高职院校应根据教师专业发展不同阶段的要求，把教师的职前培养、入职教育和职后培训作为一个连续的、统一的、终身化的发展过程来看待。职前培养重在基础；入职教育重在适应；职后培训重在提高，要在终身学习理念和资源共享原则的指导下，实现在不同阶段不同教师与教育培训机构之间的衔接、整合与重组，促进教师在职业生涯中不断提高专业化水平，从而建立完善的教师培养培训体系。

2. 以本校内部培训为主战场，制订本校培养计划

（1）对青年教师实行双导师"传帮带"制度。每一位新教师都要搭配双导师，校内导师对其进行师德教育、教育教学经验传授等，并带领新教师参加专业建设、课程建设和教学改革等活动；企业导师对教师的各项实践操作进行指导、监督，激发教师提升专业技能的动力。

（2）对不同发展阶段不同需求的教师，学校可以利用"互联网＋教育"的模式，借助于信息化教学手段、慕课、金课等教学资源，通过教研室同行交流、专业群交流、教师经验分享会等方式，引导教师主动提升能力。

3. 通过高校培训提升专业能力

（1）针对不同职称、不同类型的教师可以制定不同的培养目标，如中级职称以下的优秀青年教师主要以提升专业实践能力为主，中级以上的骨干教师以专业技术技能的提高为主，企业引进的教师主要面向工程项目实践等工作。

（2）考虑到部分优秀教师要向骨干教师、专业带头人方向发展，需要对他们进行专业能力的提升。因此，高职院校可与省级、国家级师资培训计划做好对接，依托行业内专业水准高的其他高校为培训基地，选派教师进行专业技术能力和教学科研能力的提升。

4. 进一步推进校企合作培训

（1）通过专任教师企业轮岗，落实教师五年一周期全员轮训制度，提升专业综合实践能力，同时组织"双师型"教师与企业合作，共同实施实践教学，实现校企混编团队专兼互促提高教师的技术综合能力。

（2）通过产学研相结合的方式，让教师在行业和企业领域进行实训，真正参与和承担一线产品开发、技术改造等项目，学习所教专业在生产实践中应用的新知识、新技术等，更好地为高职院校人才培养服务。

（四）实行开放式师资队伍的培养与交流

我国要建设的是具有中国特色的社会主义市场经济体制。在市场经济体制下，人力资源也日益市场化，因而高校教师的合理流动也就成为一种必然的趋势。高职院校应紧紧抓住机遇，充分运用市场竞争机制，优化教师资源配置。一是提倡和鼓励教师跨校任职、任课，专门人才在企业、科研院所、工程技术单位、管理部门双向兼职，建立学校与学校之间、学校与其他单位之间的人才共享机制。本着"不求所有，但求所用"的师资管理新理念，通过长期、短期、特聘、客座、兼职等"软引进"形式，实现人才、智力、资源的流动。二是利用校企合作平台，与企业建立教师培养机制，加强对"产学研"的指导，使专业带头人、教学团队和企业结成战略联盟，使双方优势互补，实现双赢。一方面，每年定期选派中青年教师到企业锻炼，参与工程实践和科学研究；另一方面，聘请企业资深技术专家授课、讲学、交流，增强教师实践能力。鼓励教师多层次、宽领域、全方位参与国内外科技合作与交流，增强教师的创新能力。三是选派中青年骨干教师参加国内外学术交流和培训研修。为教师提供出国进修、参加国际会议的机会，让教师最大限度地获取前沿学科知识，学习先进的教育思想、教学方法和技术，更新教育理念，提高业务能力和科研水平。加大国际合作交流力度，邀请国外知名高校学者授课、讲学、交流，提高教学团队的国际化水平。

在全面建设社会主义现代化国家的新征程中，职业教育前途广阔、大有可为，要"坚持把教师队伍建设作为基础工作"。对高职院校来说，促进人才培养，加强"双师型"教师队伍的建设是一项长期且艰巨的任务。高职院校应以教师学历和专业技能双向发展为主线，建立具有较高理论教学水平和较强实践能力的"双师型"教师队伍。只有这样，才能为学生提供更加多元化的指导，增强学生的职业能力，完善高职院校的人才培养模式。

第五章 推进校企合作机制建设

第一节 校企合作的背景解读

一、制度成本与管理体制改革（1978—1999 年）

　　1978 年以前的职业教育校企合作一直沿用"半工半读"模式。改革开放后，为适应当时的经济体制，国务院提出了教育改革要突出教育结构与经济结构相适应，满足各行各业的用工需求和改善就业。这一时期的职业教育以中等职业教育为主，办学与管理主要由各行业部门主管，呈现出一种各自为政的状态。受计划经济体制的影响，职业院校成为企业或行业的一部分，但与 20 世纪 50 年代的学徒制、"招工即招生"等模式不同，国家职业教育政策变为招工先招生，行业部门继续垄断了职业教育，招生双轨制、内部培养、分配处于行业（企业）的控制之下。虽然形成了行业部门条块割据的封闭劳动力市场，但在城乡二元结构、严格的户籍制度以及国家对城市职工大量补贴的大背景下，读中专成为身份转换、就业的主要途径之一，政策激励效果得到前所未有的放大，高职院校的雏形也初步形成。一些中央部门直属的重点职业学校开设高职班，经济发展较快的城市和大企业开办高等专科学校和短期职业大学。

　　从 1978 年到 20 世纪 80 年代的中后期，由于国家用工政策的变化，中职学校代替了企业原有的师徒制内训体系，成为技术工人的主要来源，但在校企合作方面上仍延续了 20 世纪 50 年代的生产实习、校办工厂和"半工半读"等形式。生产实习为 20 世纪 80 年代主要的校企合作形式，学校作为行业内独立的技能人才培养单位，在行业部门的行政指令下，按照教学大纲、课程设计与指定的一个或多个企业进行合作，技能学习同样沿袭了工厂师徒制。校办工厂同样为 1958 年中央教育工作会议提出的"教育与生产劳动相结合"的产物，主要功能是解决学校办学投入不足，并采取师徒制进行技能传授。

　　值得注意的是，虽然中职学校取代了厂内师徒制，但厂内技术熟练工人作为技能产权主体的属性并没有改变。中职学校仍然需要借助行政指令与企业建立合作关系，在实施层面上，还是需要通过实质化的师徒关系才能保证校企合作的效果。无论是企业内训制还是专门的职业技能教育制，师徒制始终是校企合作的核心。这就涉及一系列的产权制度来保障上述过程的完成。

传统观点认为，师徒制能够有效地克服人力资本投资的外部性，有利于企业的技术积累和创新，使得企业愿意开展以师徒制为核心的校企合作。这种观点注意到了微观层面技能形成的外部性问题，但忽略了国家的制度是如何保障校企合作的有效性，即国家的何种产权秩序激励校企合作的参与者。阿尔钦和德姆塞茨一致认为，任何组织的所有权经济性体现在这种产权制度对应的剩余权激励作用上。具体到公有制经济，国家通过一次性的契约"买断"，独占了内部资产的所有权，从根本上消灭了剩余权。但由于技能的私有属性，迫使国家通过政治待遇（工人阶级、干部身份、行政级别）和经济待遇（等级工资、福利待遇）以及"终身制""铁饭碗"等方式激励内部成员提供技能服务。

这种制度安排为校企合作的有效开展提供了可能。在校企合作的管理层，行业割据的管理体制让职业院校的监管者通过党政等级制进行激励，办得好的学校，校企合作成果好，自然能够获得晋升、提拔等正激励；反之，则通过处分、降职等进行负激励。在校企合作的实施层，技术熟练工每多带一个徒弟，其在工厂内部的工资等级、评优评先等方面就较其他工人具有优先权。例如，湖北某造船厂的焊工因其带徒弟成绩突出，连续两年获得行业劳动模范、个人先进代表等荣誉。而经济待遇和政治待遇又激励了职业院校学生参与到师徒制中。同时，主管部门赋予了企业对学生的考核权，使得学生的技能质量得到了保障。到1986年，由行业部门管理的中职学校成为这一时期我国职业教育的主体，数量达2529所，占中职学校总数的70%，如郑州、武汉等地甚至出现了职业学校在校生比普通高中多的局面。这种行业割据的职业教育在学徒入校（厂）后，只专注单一技能的学习和训练，虽有利于企业技能的提升，但不利于个体技能的全面发展。

当这种一体化规模达到一定程度时，制度安排带来的企业巨大的组织成本、冗员以及预算软约束也阻碍了企业的进一步发展。1986年，国务院发布《国营企业实行劳动合同制暂行规定》和《国营企业招用工人暂行规定》，要求自1986年10月1日起，企业根据生产需求面向社会公开招聘和解聘工人，实行"劳动合同制"，国家层面开始清理企业冗员，企业职工的"铁饭碗"也从此被打破。随着全民所有制企业改革，政企分开，一些中职学校的隶属关系进行调整，学校与企业之间的行政关系弱化，办学经费也无法保证。为此，国家教委、财政部出台《关于中等专业学校经费问题几项原则规定的通知》，指出中职学校的经费渠道仍按现行规定执行，学校主管部门不要因经济体制改变或学校隶属关系的变化而影响或减少对学校的拨款，实质上是强调行业主管部门依然对中职学校负有财政责任。尽管产权主体没有发生变化，但随着用工"终身制"的打破，技能载体——技术工人流动性增强，传授技能反而增加了师徒间的就业竞争。显然，当失去了制度激励后，通过师徒制传授技能的交易成本明显上升，职业院校的校企合作面临困境。一些学校的学生到企业进行生产实习，甚至需要交纳一定的实习费用。

进入 20 世纪 90 年代后，我国社会主义市场经济体制确立，随着国企改制，各行业部门职业学校生存面临危机。在1991年出台的《国务院关于大力发展职业技术教育的决定》（国发〔1991〕55 号）中，出现了"产教结合"，要求各类职业学校通过校办产业，办好实习基地。职业学校也开始"在政府的指导下，提倡联合办学，走产教结合的路子，更多地利用贷款发展校办产业，增强学校自我发展的能力，逐步做到以厂养校"，这一时期的校企合作的主要目的是以"企（厂）"养"校"，解决办学资金不足的问题，而此时所属行业部门大量国有企业面临改革和重组，失业率上升。与此对应的是一个开放式的劳动力市场正在形成。尽管这个相对独立存在的劳动力市场增大了与产品市场的技能交易费用，但这一费用仍然要小于非市场化环境下内部技能管理的费用。为进一步降低内部技能管理的费用，国家于1998年着手调整行业企业主导的职业教育的管理体制，归口到地方政府管辖。

高职教育的大规模发展起步于1994年全国教育工作会议提出的"三改一补"：一部分成人大学、高等专科学校原隶属于各级政府和教育主管部门，而作为补充的重点中专则归口行业部门管理，从而导致了职业教育管理体制的复杂性，使得它们在校企合作上更加趋于多样性。当时的校企合作形式主要有三种：一是依托行业开展生产实习；二是建设生产实习基地（校办工厂），以厂养校；三是学校自主与企业建立合作关系，对口开展学生实习工作。1999 年，国务院授权高职教育发展权利和责任归属省级人民政府。而在这期间，《中华人民共和国职业教育法》于 1996 年获得通过，标志着校企合作在内涵上发生了变化：注重为本地区经济建设服务，与企业密切联系，培养实用人才和熟练劳动者。值得注意的是，虽然 1996 年校企合作实质性内涵发生了变化，但距离职业院校与部门行业正式脱钩（1999年）尚 3 年有余。

二、市场机制与支付体系形成（2000—2005 年）

若将管理体制变革后的职业教育当做一个独立的生产部门来看，首先需要解决的是内部管理、市场、生产、监督的问题，任何一个环节的缺失，都有可能导致职业教育的低效率。职业教育管理体制变革，并不意味着建立了一个开放的职业教育体系，而只是国家将职业教育的监管转移给"专业的经理"，并向其支付相应的监管费用。两者区别在于前者由行业部门提供担保，国家并不对其负直接财务责任，而后者是由各级政府或机构直接提供担保，各级政府或机构将直接为办学行为提供财政支持。

2002 年 8 月《国务院关于大力推进职业教育改革与发展的决定》（国发〔2002〕16 号）对职业教育的管理体制、市场机制、校企合作进行了详细阐述。要求职业教育实行"分级管理、地方为主、政府统筹、社会参与的管理体制""省级政府承担高职和中职教育发展规划与结构布局的责任""地市级政府要逐渐增加职业教育发展的责任"。这种产权主体的变更自然引起了激励机制的变化，且主要体现在职业教育的担保人资本规模发生了变化。担保主体的变化带来了职业教育规模的变化。企业边界理论认为，担保资本决定了组织规模，当职业教育的担保人由行业部门变更为地方政府时，担保资本扩增导致职业教育规模进一步扩大，直到其规模边界等于资本边界为止。对中职而言，管理体制的变更，最直接的冲击是，从 1996 年起，中职招生增长趋势开始减缓，到 2000 年，全国中职在校生比例占高中阶段的 50.1%，招生数是比 1998 年净减 128.4 万人。对高职来说，学校总数由2000 年 184 所猛增至 2005 年的 921 所。

校企合作方面，在国务院领导下，建立职业教育工作部级联席会议制度，不定期召开职业教育专题会议，推动指导全国职业教育发展。这种联席会议制度或许能够降低教育部门获取市场信息的成本，但在解决技能形成领域的"生产问题"时，"专业经理们"面对的仍然是两难的职业教育境地。一方面，面对来自市场的效率要求和财政负担，不得不放松对职业教育的垄断，出让部分控制权，允许职业院校"充分依靠企业"解决基础设施、人才培养等方面的不足，企业也可以根据实际需求独自举办或联合举办职业学校和培训机构；另一方面，行业职业院校的存在，弱化了教育主管部门的控制权和垄断收益。解决的方式是要求教育主管部门要加大对行业职业教育进行协调和业务指导，防止行业对职业教育控制权的独占。但监管者的变化，还带来了另一个问题：如果技能产权不能够充分界定，将为职业院校的校长们带来超出行政激励外的经济剩余权，只不过这种经济激励是在技能产权界定不充分的前提下以寻租的方式攫取的。这一期间，一些中职学校和高职学校爆出了个别学校管理者为获取额外报酬将学生以实习的名义当成企业的廉价工人，从而引发学生抗议的新闻。而这个问题在行业割据时期是不存在的，因为一体化战略将技能形成过程的产权以内部化的形式纳入行业部门的监督范围，并在行政等级、经济待遇（单位福利）等方面进行激励。但这些职业院校改制后变成了单一的行政激励（经济激励并不显著），即使是政治激励，在达到一定级别后也会遇到"玻璃天花板"。

虽然制度设计为技能形成的市场机制留下了"校企合作"这块"自留地"，但其产权归属却牢牢掌握在职业院校的校长们手中。当政治激励不起作用时，这些管理者往往会利用手中对技能形成过程的控制权（非制度化的剩余权）谋求经济剩余，以补充激励不足。由此可以看出，技能形成过程的产权边界划分成为当时职业教育校企合作的当务之急。

针对这种情况，教育部于2002—2004年，连续三年分别在永州、武汉和无锡召开了全国高职高专教育产学研结合经验交流会，对当时高职院校校企合作经验进行了总结。按照当时会议材料和时任教育部主要领导的讲话内容，这三次会议主要从两个方面对校企合作的技能产权属性进行了细化和划分，加大了过程监管：一是肯定了"工学结合""半工半读"对职业教育的历史贡献，顺势将"工学结合"与"半工半读"进行切割，"工学结合"作为人才培养模式予以保留，但"半工半读"则成为一种助学方式，并详细规定了"半工半读"的教学管理标准和考核方式，防止了产权模糊存在的寻租空间。二是明确了校企合作的主体与内容，首次在官方文本中出现了"校企合作"，即面向市场培养技能人才的合作主体是学校与企业，而非"学校与劳动力市场"，而"工学结合"既为合作方式也为合作内容。这实际上是划分了校企合作的实施主体与责任主体，细化了合作内容，加强了校企合作的过程监控。

在这些措施的激励下，当时的校企合作主要分为两个方面。

一是通过校企合作吸纳社会资本，如采用 BOT(Build-Operate-Transfer，建设—经营—转让)、企业捐赠硬件设施等改善办学环境。在高校扩招大背景下，国家及各级政府享有的垄断收益随着职业教育规模逐步扩大而增加。行业企业可以依靠自身资源参与职业教育办学，如开展人力资源预测、建立理事会以及参与教材与课程改革等工作，并要求职业院校充分依靠行业企业举办职业教育。事实上，职业教育面临扩招带来的规模扩张与办学资源之间的矛盾，将职业院校划归各级地方政府，让地方政府垄断了职业教育的制度收益，但沉重的财政负担迫使职业教育的主办方出让自己对职业教育的部分控制权，以换取职业教育的发展。为解决这一矛盾，政府和教育主管部门从产品市场引入要素资源来降低制度成本从而换取职业教育发展效率的方式，以满足劳动力市场对技术工人的需求。尽管有些办学资源丰富的学校开始探索校企合作进行人才培养，但从大的范围来看，依然是办学资源短缺。各职业院校开始尝试在融资、土地置换、兼职教师以及通过 BOT 的方式改善基础设施。这些校企合作的方式在一定程度上改善了职业院校的办学条件。

二是多种形式开展校企合作提升人才培养质量。具体做法是具有行业办学基础的高职院校依托行业、企业建立了理事会、职教集团，地方政府主管的职业院校通过校企共建校内实训基地、订单式培养和校外基地等方式进行校企合作、实践教学。不难看出，校企合作制度已成为劳动力市场与产品市场沟通的桥梁，能够有效降低劳动力市场的信息不对称。

通过分析当时绝大部分学校的校企合作案例，不难发现，所有的校企合作都是基于市场对教育规模和未来人力资本升值的潜在收益预期下进行的。但他们面对的是一个充满制度风险和缺乏稳定回报预期的政策环境，学校和企业的单方面合作无法获得与产权(控制权)交易对应的剩余激励。只有地方政府作为第三方担保时，这些合作才有可能发生。从中可以看出，校企合作是在主办方(地方政府)构建的一个制度保护空间内实施的。从合作内容上来看，实际操作层面的合作内容与正式制度上的校企合作存在较大的区别。校企合作带活职业教育的原因来自外部资本的进入，而非自身资本的积累与规模扩张，特征因素则是校企合作已成为一种商业组织结构与市场结构混合的产物。其中，地方政府作为担保体系中关键的一环，使得合作企业在摇摆的政策环境中依然能够获得稳定的收益，收益来源则是地方政府出让的部分办学控制权。

从这一时期的发展来看，尽管校企合作模式呈现多样化，但其发力点还是在通过校企合作改善办学条件。校企合作的控制权经历了"一放就乱"的短暂局面后，国家在校企合作方面的控制权全面加强，政府及主办方享有绝对产权。现实封闭的职业教育体系使得人才培养质量与市场需求之间还有很大的差距，于是"技工荒"开始出现。对于政府而言，这种政策调整从制度上留下了校企合作的市场机制和确立了以学校为单元的校企合作机制。但教学环节的"校企两张皮""课程压缩饼干"等问题也开始出现，更深层次的问题是校企合作只解决了技能人力资本生产端——职业院校的投入问题，而未解决消费端——降低企业技能人力资本的交易成本。由此带来的抱怨演变为技能危机并最终影响到地区经济增长时，地方政府迫于市场的压力开放了人才培养过程。"服务地方经济社会发展，以就业为导向，校企合作，工学结合"成为职业院校人才培养模式改革的核心内容。到 2005 年时，在《国务院关于大力发展职业教育的决定》（国发〔2005〕35 号）中，首次以正式文本确立了"校企合作、工学结合"作为职业教育改革的方向。较之前的校企合作更多关注改善办学条件，此时则更加关注人才培养的细分过程，将人才培养质量和职业教育的整体效率提升作为校企合作的主要目标。

三、技能增值与校企合作组织（2006—2013 年）

从技能体系形成的外部环境来看，《国务院关于大力发展职业教育的决定》（国发〔2005〕35 号）的颁布和实施源于一个剧烈变化的劳动力市场。一方面，随着制造业规模扩大，珠三角、长三角等制造业发达地区的"技工荒"随着"民工荒"进一步蔓延，企业纷纷高薪聘请技术熟练的工人，技能增值明显，吸引力增强；另一方面，国家层面同期启动了社会主义新农村建设，包括新农村居民素质提升和农村劳动力城市转移，赋予了职业教育新的功能。无论从市场规模还是产品价值来看，职业教育都面临着一个"无限潜力"的市场。

从宏观层面上，教育部、财政部联合启动了中央财政支持的实训基地建设等专项（2004 年）、国家级示范校建设（2007 年），通过专项资金引导职业院校为区域经济社会发展服务。这些竞争性专项中对专业建设、校企合作和对口帮扶中西部地区作了特别的要求，体现了国家对职业教育的要求，具有很大的导向性。与此同时，各地开始建立县级职教中心（农村职业高中），主要面向县级农村居民进行技能教育，其主要有两个目的：一是向城市提供优质、高素质劳动力；二是提升农村劳动力技能水平，促进农村经济发展。之后成立了全国行业职业教育教学指导委员会（2009 年），通过与国家发改委、工信部、国家人社部、农业部等的联动机制，实现劳动力市场信息的跨部门、跨行业交流，降低职业教育获取技能的信息成本，指导职业院校的专业、课程、教材建设，且写进了《国家高等职业教育发展规划（2011—2015 年）》，并要求各高职院校从体制机制改革入手，建立校企合作长效机制。同期启动的第二批国家高职示范校建设，要求各建设院校把校企合作体制机制改革作为重点建设内容之一。2010 年后，校企合作进一步演变为"校企合作、产教融合"，从职业教育与产品市场两个层面，突出学校与企业的全方位融合。在此基础上，宁波、厦门等地方政府相继制定了《校企合作促进条例》。通过实践，全国职教集团数量达到 200多个，参与一体化、集团化办学的职业院校达 2500 多个、企业达 3500 多家；中央财政累计投入 40 多亿元立项建设 2356 个国家级实训基地。值得注意的是，这一期间无论是国家层面，还是分管职业教育的领导层，均要求制定符合产业发展规律和教育发展规律的职业院校建设标准、国家专业人才培养标准、实训基地标准、信息化标准等，促进职业教育关键要素标准化。从这些措施可以看出，在一个技能不断增值的市场中，国家层面希望构建一个以职业院校为主的面向市场的校企合作机制，以便获取更多的技能垄断收益。在政策上，各级政府采取加大职业教育投入（专项资金）、扩大职业教育规模（面向农村市场，各地建立县域职教中心）以带来"产量"的提升。但是当市场通过已有的机制将人才培养质量的信息反馈到职业教育领域时，这种收益又是有限且不具备持续性的。很多企业普遍反映职业院校培养的学生动手操作能力不强，所学专业不符合市场需求。例如，2008 年，广东某企业退回了与学校协议接收的 37 名学生；2010 年，浙江几家企业联合起来要求当地政府责成学校按照企业要求培养人才。众所周知，教育产品的生产与监控是增加内部管理成本的主要来源，在现有（当时的）治理结构不变的情况下，唯有改变人力资本培养过程的资产专有属性，通过"标准化生产"增大培养过程的通用性，才能在维护国家层面技能垄断收益不变的情况下，节约产品市场与人才培养机构的交易成本。为此，教育部实行了"模块化课程""标准化课程""标准化教材"以及"标准化实训基地"等工程。这些标准化工程，一方面在国家层面建立了统一的检测、监控方案，以有效降低内部监控成本，增大职业教育的垄断收益；另一方面，对所开发标准的审批与施行本身也是一种集权和扩大垄断收益的过程。

这些组织有一个共同的特点，即在降低技能交易费用与提高市场效率这一共同的利益下，政府为校企合作提供制度保护和信用担保，学校与企业围绕人才培养和技能形成进行合作，降低人才培养的专有性，并让个人完成技能增值。由此构造一个由地方政府（主办方）、学校、企业及个人构成的职业教育校企合作组织。

从微观结构上，这一组织结构深刻地影响了各职业院校的内部治理结构和办学行为。基于校企双方的共同利益点，成立了专门的校企合作部门来协调校企合作事宜。这种协调让市场与教学达到了内部的政治平衡。校企合作部门代表了市场一方，市场里的企业通过学校内部的校企合作机构将利益需求反馈到学校；而学校的教务处则维持学院、学生的教学利益，当生产与教学发生矛盾时，校企合作机构与教务处的相互掣肘保证了内部平衡，从而实现了人才培养与市场需求的统一。与此同时，面对来自市场的压力，国家层面对职业院校内部的人才培养模式提出了更多的要求：以服务为宗旨，以就业为导向，走产学结合发展道路，提高高等教育质量，并适当控制高等职业院校招生增长幅度，稳定招生规模。各职业院校以校企合作为办学模式，工学结合为人才培养模式，就业成为人才培养的目标，开始了各自的探索。与此同时，各种办学模式也丰富了起来：前厂（店）后校、校企合一，各种类型的职教集团、实训基地、生产性实训校区都在这一时期开始建立，部分学校还与企业共同成立了二级学院。

从表面上来看，这些校企合作模式似乎一劳永逸地解决了技能人才培养的市场通道问题，但实际的教学活动毕竟与生产活动不一样，在协调过程中难免产生冲突。这是一种松散的合作关系，合作多久取决于企业接纳实训学生的收益是否符合预期。若企业从校企合作中得到的收益低于预期，企业会结束合作关系，特别是当企业面临繁重的生产任务时，并不愿意将更多的生产资源用于教学实践。因此，一旦企业的生产活动受到教学活动的干扰并影响到收益时，企业便可能退出。

这种治理结构的变化还带来了一系列微观产权的改变，即改革以学校和课堂为中心的传统人才培养模式，教学控制权移向企业，对教学的各主体要素产生了一系列影响。

技能形成的控制权由学校向学生个体和市场主体转移，中等职业学校学生在校的最后一年要到企业等用人单位顶岗实习，高等职业院校学生实习实训的时间不少于半年。目前，我国职业教育工学结合人才培养模式形式多样，内容丰富。按组织主体分，有"政府、企业（行业）、学校"三方联动模式、"课堂、车间、社会"三位一体模式，"基地、招生、教学、科研、就业"五位一体模式，学校企业紧密合作订单培养模式，校企合一、一系一厂、集团化办学模式等。按组织方式分，有课堂实训一体化模式、工学交替模式、学期（年）交叉模式、半工半学模式和顶岗实习模式等。此外，还有集中与分散相结合模式、定期实训与不定期实训相结合模式、课内实训与课外实训相结合模式等。通过工学结合，不仅使学生真切地体验了工作实际，丰富了工作经历，增强了工作能力，培养了学习兴趣，而且也为职业院校进一步了解社会、了解企业（行业）的发展需求，增强学校与社会、行业、企业的联系，响应企业对高技能人才的呼唤，提高学校对社会的适应能力和社会知名度发挥了巨大的推动作用。

随着校企合作的深化，对于实习时长，各学校按照实际教学情况进行了分割。转移的控制权，尽管降低了学校的控制收益，但控制权的转移在某种程度上降低了培养成本，实质上也是成本转移。学生到企业进行顶岗实习，学校只需要付出一定的监管、考核成本。这就带来了另一个问题：企业为何愿意接收实习生，或者为何愿意和学校进行校企合作？按照当时职业教育的实际情况，这个问题分为两个部分：一是学校与校外实训基地（校外企业）的合作，提供廉价的劳动力和专用型人力资本（含技能、教师与企业科技合作），降低了企业劳动力的交易费用。但节约的费用并不会给企业带来盈利。因为这些不成熟的技能劳动力对生产原材料的浪费、企业的管理成本增加、教育成本增加都需要靠节约的成本进行弥补。二是学校与校内实训基地（校内入住企业）的合作。学校为入驻企业提供了一定的优惠条件，如水电费减免、基础设施建设以及协助完成企业申报政府奖补，以此换取入驻企业的相关岗位供学生进行顶岗实习。

从人才培养机制上看，校企合作组织让职业教育的人才培养效率增强，降低了技能形成的信息成本和培养成本。但度量的尺子换成劳动力市场的技能价格机制对校企合作组织发生配置作用的深层组织构造时，则充满了对技能形成过程控制权的竞争，即企业因价格机制和市场不确定性，期望主导技能形成控制权进行专用型技能培养以降低技能使用成本或获得直接盈利；学校在享受计划指令和预算软约束的同时，期望通过主导该过程控制权按照市场需求改善教学资源、培养通用型技能和实现人的可持续、全面发展。另外，在校企合作内部构造上，若将校企双方在技能人才培养过程中的"计量与监督"进行抽离，并没有任何冲突之处。学校教学过程中的"计量与监督"方式通过使用考试、考核等方式识别学生技能形成过程中的不足与缺陷，而企业按照成品率贡献值来甄别技术工人。但合作以后，技能形成的效率却会因为双方关于技能教育的度量与监督评价不一致而导致对学生技能形成的评价不足，降低了合作效率。这种基于技能形成过程的产权博弈抬高了双方的合作成本，并将成本进行了传递：学校会将这一成本通过预算软约束向政府、学生（学费、学时）转移，最终导向人力资本价格；企业会将这一费用导向产品价格与人力成本，其结果必然是大大减少了校企之间基于产权收益等价交易的可能性。这种不对称的成本传导体系背后，反映了校企合作组织构造因依赖于政府行政权力保护而无法约束双方的产权交易费用。从职业教育发展的经验来看，校企合作组织内部的竞争比合作来得更强烈、更现实。当产权博弈带来的租金耗费超出了最初成本预期，而双方对降低合作成本所采取的行为具有异向性时，校企合作"一头热一头冷"也就在情理之中，部分学校（学生）甚至开始反思校企合作的必要性。因此，能否发动校企合作组织构造的深层次改革成为关系到校企合作以及职业教育市场化发展的关键。

四、组织创新与校企合作制度创新（2014年至今）

随着产业结构转型和企业技术升级持续进行，劳动力市场的"技工荒"进一步蔓延。在技能升值和其他外部因素的叠加下，企业劳动力成本越发增大。造成技能价格上涨的一个重要因素在于校企合作组织内部缺乏有效的治理结构来降低初始关系带来的交易费用上升问题。

校企合作中的企业具有先天的退出权，除了"双轨制"带来的成本压力外，双方还会因市场环境、要素资源或经营问题，迫使企业行使退出权，这些都无形中增加了企业的谈判权。金融危机后，地方债务规模急剧膨胀，违约风险影响着地方政府对职业院校的投入。当职业院校从政府那里获得的预算软约束减少时，职业院校也同样会选择退出校企合作。因此，校企合作组织并不是一个内部紧密的组织，而是一个时刻面临解散的临时性组织，其解散的阈值在于双方对校企合作损益平衡点的判断。在校企合作发展的第三个阶段尽管出现了形形色色的校企合作组织，但这些组织的创新基本上还局限于早期的校企合作组织形态。总是"长不大""活不久"，即使稍有规模，也面临"分家""散伙"和"自立门户"的现象。可见，校企合作内部深层结构改革需要基于法律意义上的产权制度与技能形成过程中的教学管理两个支点上的改革。

这一时期，组织创新的萌芽已开始出现。中西部的职业院校校企合作呈现多样性。部分学校通过公共私营合作方式，使学校的产权（法律上）主体发生了变更；部分职业院校依托行业资源优势，在"订单制"的基础上进一步探索以企业为主体的人才培养模式。在东南沿海地区，由于产业密集度高，对技术工人的需求普遍比较旺盛，在地方政府的鼓励下，各职业院校基本上都与行业、企业，建立了密切的联系。通过集团化办学、生产性实训基地建设等校企合作模式，逐渐探索出"多形式参股"建设实训校区、"基于生产过程的教学模式改革"等，并逐步影响到学校的办学模式。

面对来自实践领域的校企合作模式的突破，国家层面基于"新常态"的考量，提出"加快发展现代职业教育，调动社会力量参与办学，探索混合所有制"；同期，国务院对"构建现代职业教育体系建设，深化产教融合、校企合作"进行了进一步阐述：强调现代职业教育体系与区域经济社会发展密不可分，产教融合、校企合作政策上升到通过校企协同育人来达到国家人才培养体系与产品市场的融合。这些政策的共同特点是在法律层面进一步确认了职业教育领域多种所有制形式的产权制度。产权制度只是校企合作组织内部结构中的两个支点之一，它只是保证了企业在技能人才培养过程中产权合法化；大规模的降低组织内部交易费用还需要从教学管理体系改革入手，进行系统化的深层构造改革才能达到预期的效果。应该在早期职业院校实践的基础上，依托校企合作这一中介组织，进一步完善产教融合、协同育人机制，创新人才培养模式，强化行业对职业教育的指导，从教材开发、课程设计、专业建设、师资队伍、教学质量标准体系以及教学质量管理等方面进行全面改革。

从校企合作的初始组织到制度创新，职业教育校企合作制度变迁的核心旨在面对一个不断增值的技能人力资源市场，通过不断节约技能形成的交易费用完成职业教育制度租金与效率的统一。职业院校校企合作制度的变迁和行为模式的选择并不仅仅是一系列制度集合的导入与实施，还需要社会对职业教育认知的持续演进。因此，职业教育校企合作的成效应是正式制度与非正式制度协同演进的结果。

国家层面的职业教育总体规划是，吸引企业在学校与当地劳动力市场之间构建一个合适的校企合作组织，通过降低技能形成的交易费用来换取职业教育效率的提升。但职业教育本身的产权创新并不足以节约出技能市场增值带来的交易费用，而是需要政府、企业协同演进。

然而，在更广的范围内，校企合作的现实性远比制度条款复杂。部分地区的校企合作并没有取得预期的效果，地方政府投入不够，办学经费不足，校企合作依然是"一头热一头冷"。当职业院校热烈地拥抱企业时，得到的往往是企业"冷漠和迟疑"以及"多一事不如少一事"的消极态度，在这种背景下，校企双方始终无法形成有效的人才培养组织。此外，从调查来看，校企双方合作的紧密度与我国的经济阶梯具有密切的相关性。如产业发达的东南沿海和珠三角地区以及企业聚集的区域，校企合作开展较为深入；在中西部产业相对不发达地区，校企合作开展较不理想，即使中西部职业院校与东南沿海地区的企业开展校企合作，其结果也不甚理想。

在一个区域市场内部，当技能需求为专用型时，小范围的市场交换无法解决专属技能问题，合作收益区域已不再成为校企双方合作的制度障碍，地方政府提供的制度保护空间和足够的信用担保构成的支付体系成为校企合作组织有效性的关键。当他们的技能需求为通用型或者对技能要求不高时，小范围的市场交易成本远小于校企合作，也就是说，小范围的校企合作失灵时，需要大范围和跨空间的校企合作模式才能解决技能形成问题。

在一个更大的市场半径下，跨区域校企合作让地方政府提供的支付体系不再有效，而是依赖于校企合作组织结构与市场结构的匹配程度。换句话说，跨区域校企合作的成败取决于国家层面的支付体系与完备的法律、法规制度。国家层面的支付体系包含如何确立校企合作主体的权利体系和如何对待校企合作中产生的合作剩余。这两个问题相互依存，互为彼此，其核心在于按照不同阶段市场效率的要求，建立各方主体的控制权、剩余权和索取权相匹配的激励制度。对于远程的校企合作来说，完备的法律、法规的意义在于约束技能形成过程中各方主体对产权的攫取，减少租金耗费。例如，一些学校进行现代学徒制试点时，签署的三方协议对学徒的工资福利、工作时间、考核方式、考核标准等进行了明确的规定，有效地防止了产权攫取行为。

  国家现代学徒制试点工作的出台，并不是一蹴而就，而是市场、教育和社会相互协调的结果。通过研究他们的协议不难发现，现代学徒制的合约隐含了企业、学校和家庭三者相互协调的关系。更为重要的是，现代学徒制指示了职业教育校企合作改革的一个方向，即把学生个体作为实习实训的基本单位，这在很大程度上节约了学校的监督费用。这一模式是以降低规模经济而换取对劳动激励的增加。如果降低规模经济引起的效益损失，可以被劳动激励增加的部分抵消还有剩余，那么把集体经济改革成家庭经营的模式就可以提高总生产率。

  对于学校及其主办方来说，为防止基于技能形成过程中的事实产权竞争耗费，需要通过制度性安排来"保护"其剩余权。由于这种竞争超出了地方政府提供的制度边界，国家层面的制度安排成为产权秩序重建及保护的有效措施。但校企合作发展到现在，其深层次的制度改革并不是通过产权改革就可以快速解决的，而是需要建立一个有效的执行和支付体系才能构成有效的产权秩序。

  可见，最初政府迫于政策失败的压力而选择市场效率时，作为连通市场与学校沟通渠道的校企合作组织在职业教育内部得到了全面且大规模的运用。在校企合作组织形成的初期，同时也是专用型技能形成的初期，"双轨制"带来的成本问题或许可以通过外部劳动力市场进行弥补。但随着整个国家阶梯式产业结构转型和企业技术进步，专用型技能交易费用的上升已无法通过劳动力市场进行弥补。当这种费用积累到一定的临界点时，校企合作组织结构变革就有了内部动力。对于企业来说，通过扩张其最终生产边界，将校企合作组织纳入企业生产内部来降低技术人力资本的交易费用等。本质上，市场的深层构造在于拥有独立的财产权和完备的契约，混合所有制和现代学徒制分别以契约的方式从校企合作组织内部财产权和完备的契约出发，实现产权结构的变革。

第二节 校企合作的理论探讨

  企业作为职业教育校企合作办学的重要利益主体，参与并承担职业教育社会职责既是职业教育本质属性的回归，也是企业保持强劲可持续发展的动力支撑。近些年，针对当前经济层面企业参与职业教育动力持续性不足、制度层面企业参与职业教育保障不够、道德层面企业缺乏履行社会责任意识的失衡现象，国家层面出台了系列的政策文件，旨在落实企业参与职业教育主体地位、责任和权力。那么，如何激发企业参与职业教育办学活力，企业在参与职业教育过程中应当具体履行什么责任，如何调节并规范企业参与职业教育行为，成为研究职业教育校企合作的重要内容。

一、校企合作主体的利益基础

十多年来，我国职业教育发生了巨大的变化。职业教育校企合作办学模式也在改革调整中不断发展，探索并积累了丰富的经验。本书试图对职业教育校企合作双方的责权关系演变进行归纳和梳理，并从合作主体的责、权、利关系方面，对校企合作的建构条件进行剖析。

（一）企业与职业院校的责、权、利关系演变

随着职业教育的发展和社会经济环境的变化，校企合作中企业与职业院校的责、权、利关系逐步演变，并呈现出较为明显的阶段性特征。本书将职业教育校企合作双方的责、权、利关系演变划分为三个阶段：计划经济体制下的行政干预、转型时期与所属企业的关系逐渐弱化以及市场经济体制下的产教深度融合。在不同的时代背景下，企业与职业院校在合作中的责权利关系也由企业主导、责权明晰逐步过渡到企业配合、依存关系逐渐弱化。发展至今，企业开始重新发挥职业教育办学主体的作用，双方在对等的基础上责任共担、利益共享。

1. 计划经济体制下的行政干预

从中华人民共和国成立初期到 20 世纪 80 年代中期，是我国的社会主义计划经济时期，职业教育校企合作也有了初步的发展。在计划经济体制下，国家对企业举办职业教育高度重视并施予行政命令，职业教育的发展应计划经济需要而生，为企业服务。在此时期举办职业教育是企业的重要社会责任之一，企业代表国家承担了职业教育的职能，在举办职业教育的过程中占主导地位。职业院校是"附属"于行业企业而存在的，即一种在政府干预下通过行政命令手段形成的相互依存的一体化关系。企业统一执行国家下达的计划指令，财产权和产品全归国家所有，企业没有经营自主权，因此，企业只需完成计划内的任务，无须考虑经济收益；对于职业院校来讲，这一时期国家对学校的结构、类型设置、教学计划内容，乃至招生计划和学生毕业分配都统包统管，因此，企业参与职业教育完全没有了

后顾之忧。此时的校企合作是在充分体现企业利益诉求的基础上进行的，从招生到就业，人才培养的全过程与企业紧密相连。如学校的人才招录指标、对象、专业设置等因行业企业需求而定；专业教学内容尽量体现行业企业新工艺、新技术；专业课的兼职教师由行业主管部门选派。在实习就业方面，政府部门对毕业生实习进行统一分配，在某种程度上统一招生与分配制度保障了企业办学的利益和积极性。

这一时期职业院校与企业分别由教育部门与业务部门统一领导与管理。清晰的职责分工避免了教育部门与业务部门在职业教育办学中的责权混淆，保障了业务部门与教育部门、行业企业与职业院校间的合作效率。因而此时校企两者之间的合作是分工明确、职责清晰的。但这一时期的合作不是利益主体之间的合作，几乎不存在利益冲突，不能完全按照市场需求来合作，只能根据国家调配计划来合作。这种在中央各业务部门统一领导和管理下、没有利益冲突的校企合作，确实保证了校企之间的合作协调融洽，在我国职业教育发展中起到了非常重要的作用，也提供了可以学习借鉴的历史经验。

2. 转型时期与所属企业的关系逐渐弱化

20 世纪 80 年代中期至 90 年代末，是我国从社会主义计划经济向市场经济的过渡时期。在经济体制转型时期，职业教育得以快速发展，而追求利益最大化成为企业经营的重要目标。我国社会主义计划经济体制向市场经济体制的转型时期，企业的市场化使得政府对企业的计划调控力度逐渐弱化，计划式的校企合作方式已不适应发展需求，慢慢由以市场需求为导向的校企合作模式所代替。企业与职业院校的依存关系逐渐弱化，基本成为企业配合的单向性浅层次合作。随着计划式的校企合作机制逐渐消失，校企合作的紧密关系也逐渐弱化。一些国有企业在转型初期效益不稳定、经营不适应，也难以保证企业举办职业教育的社会责任意识。同时，有关校企合作的法律、法规尚未建立，尽管在大力发展职业教育的背景下，教育主管部门出台了一系列导向性文件，认识到校企合作在保障职业教育质量并形成自身特色中的重要作用和地位，但在立法方面对校企合作责权分配仍然缺乏规范性。1996 年国家颁布《中华人民共和国职业教育法》，对企业参与职业教育的职责和行为有所要求，但相关条款并不具备强制性和约束性，又无激励政策的保障，致使职业院校与所属企业的关系逐渐疏远。与此同时，我国对技术要求不高的企业经营模式，使得企业从大规模的农民工劳动力市场就能找到所需的劳动力；加之国有企业减员增效，职业院校培养的毕业生很难就业，因此，此时的企业对高技能人才的利益需求也不高，校企双方难以找到利益的结合点，合作关系日益松散。

3．市场经济体制下的产教深度融合

进入 21 世纪，我国社会主义市场经济框架逐步确立。此时职业教育在促进国民经济发展中的推动作用日益明显，政府对职业教育的重视力度不断加大。但为了适应经济体制和结构的转型，职业教育必须对原有的运行机制进行深化改革。经历了由规模扩张到内涵建设时期，至此，职业教育取得了巨大的发展成果，职业院校开始探索与实践新型校企合作，一些创新成果不断涌现，校企合作逐渐走向以市场机制为基础的合作，在政府的宏观调控下，本着自愿互利、风险共担、利益共享的原则进行广泛的合作。但在粗放型的经济增长方式下，这一时期的企业与职业院校的合作大多集中在一些浅层次的范围，如订单培养、顶岗实习等，学生往往被当作廉价劳动力使用，在职业技术能力的培养方面，双方的育人责任难以实现。

随着创新型工业化发展道路的经济发展方式的转变，对人才的知识、技术、技能和创新能力等提出了更高要求。2005 年《国务院关于大力推进职业教育改革与发展的决定》（国发〔2005〕35 号），要求大力推行工学结合、校企合作的培养模式，推动职业院校与企业的密切结合，强调企业有责任接收职业院校的学生实习和教师实践。在这一时期，企业迫切需要大量熟悉新技术、操作新设备的应用型人才。在国家政策引导下，越来越多的企业开始关注与职业院校的合作，提前介入学生培养的全过程中，校企合作逐渐深化。一些职业院校也逐渐认识到重新定位与企业关系的重要性，充分发挥自身优势，开始寻找新的校企合作利益结合点，从单纯的学校或学生获益，向校企双赢转变。此时由企业主导的校企合作已转变为院校主导的校企合作，二者在合作利益认知上存在差距，双方利益期待难以满足。

现如今，在"新技术、新产业、新业态、新模式"背景下，我国职业教育校企合作在不断反思和创新中逐步走向融合。加快推进现代职业教育发展，产教融合、校企合作将成为助力产业结构调整的重要保障，促进了我国经济转型发展。推进产教融合、校企合作的思路应当是企业积极发挥职业教育重要办学主体作用，与学校建立更加紧密的合作关系，企业在多年的合作过程中感受到职业院校在培养高技能型人才、应用研究等方面的优势，参与校企合作的积极性逐步提高。与以往都不同的是，在这一阶段，双方在校企合作中的责权关系应当是平等互利的，而不是附属或主导性关系。职业院校与企业应共同承担培养高技能型人才的责任，因而双方要在利益双赢的基础上创新合作模式和运行机制，以保证合作过程中双方各自应承担的责任以及获得相应的权利。

（二）校企合作的建构条件

校企合作是企业和学校两个不同利益主体之间的合作，合作中必然存在双方责、权、利的协调与配置问题。本书通过对校企合作中双方责、权、利关系的分析，归纳出合作建构的三个条件。

1. 共同利益诉求是建构的驱动力

驱动力是指驱使职业院校和企业合作的根本力量。职业院校与企业是校企合作的两个直接主体，职业院校追求社会效益的最大化，以获得更多教学资源、提高人才培养质量、获取科技创新所需要的企业资源为目的，属于近期利益和长远利益的结合；而企业主要是营利性组织，实现经济效益的最大化是企业参与校企合作重要的动力之一，以从合作院校中获得高素质技术技能型人才和高质量的技术服务为目的，属于长远利益。虽然双方各自追求的目标不相同，但职业院校和企业在近期利益和长远利益上有着共同的利益基础，校企双方在资源上能够取长补短，在利益上能够共赢共享。合作双方各自的利益也通过各种不同形式的调整而得到综合表现，从而凸显了校企合作能得到的收益。

职业院校通过校企合作实现利用企业信息优势和人才质量标准，调整专业设置、人才培养目标和规格要求；获得经费、设备支持，共建共享实训基地；企业提供就业机会；积极科研合作意愿，共建研发中心，共享科研合作成果；实现教师下企业培训等。企业可以通过合作实现获得生产一线的技能型人才；获得学校的技术支持、新产品研发协助，良好的社会声誉；企业员工获得在职培训的机会；获得决策建议与管理建议等。这些利益固着点会促使高职院校和企业的合作走向深入并持续发展。因此，以共同利益诉求来驱动利益主体双方，调动企业和职业院校合作的积极性。只有校企双方的需求都能得到一定程度的满足，双方的合作才能得以延续和发展。

2. 共同承担责任是建构的先决条件

校企合作应当是以校企双方利益为基础的利益共享、责任共担的共同体。可以说，获取利益是企业承担职业教育责任的必要条件，而共同承担责任则是双方合作的先决条件。

企业在享受社会赋予的财产、生产经营、法律保护等权利的同时，还必须要承担社会责任，尽社会义务。企业的教育责任，作为企业社会责任的一部分，应当指向的是企业的职业教育责任。因为企业的教育活动基本上都指向职业活动，具有很强的职业导向性。企业的教育责任即协助职业院校共同完成人才培养任务，是指企业参与职业院校教育教学过程的各个方面，包括与学校共同培养高质量的技术人才、参与学校的招生、教学专业的设置、课程内容的制定、教育教学的实施以及学生的考核评价等环节，并在合作中有意识地对风险进行规避，以保障自身及学校的权益等。

从校企合作主体的关系来看，学校自身难以完成职业教育任务，需要企业承担部分责任，以弥补学校职业教育的不足。那么，企业应该承担多少责任、可以承担哪些责任、以什么形式承担责任，就成为亟须解决的问题。

3. 共同享有权利是建构的必要保障

权利分配是校企合作主体的关键问题。之所以强调企业具有职业教育的权利，是为了保护企业或职业院校的正当利益。在校企合作的过程中，双方都承担了不同程度的责任，而权利的获取是与承担的职业教育责任相对应的。企业与职业院校在合作中享有平等的权利和地位。企业的职业教育权利应主要围绕人才培养过程而言。根据人才培养的顺序可以将企业的职业教育权利归结为知情权、行动权和决定权。知情权，是指企业具有了解学校的基本信息以及人才培养规划、招生等信息的权利；行动权，是指企业具有共同参与人才培养全过程的权利，如教学计划制订、课程开发、教材编写和考核评价等；决定权，是指企业在承担责任的前提下为了保证自身的正当利益而准予活动实施或不能实施的权利。

知情权、行动权和决定权构成了企业职业教育权利的基本形态。但并不是说，提到教育利益就必然包括这三种权利，在通常情况下，它往往只突出地表现为其中一种权利或是以三种权利混合的方式呈现出来。在当前校企合作中，企业所获得的权利还很有限，与承担的职业教育责任相比，企业缺乏相应的权利赋予。

二、校企合作主体的权责配置

（一）校企合作中资源共享的理论透视

"工学结合、校企合作"一直以来被视为我国现代职业教育的发展模式和职业院校的人才培养模式，成为职业教育区别于普通教育的重要特征。校企合作是职业教育"跨界属性"的现实要求，校企分属于不同性质的社会主体，在追求各自效益的框架下又存在共生式依赖关系。这种关系形成的前提是关键资源的稀缺性和不可替代性，建立的基础是资源的互补性，并通过合作获得自身不具备的资源；基本特征是资源交换、优势互补、责任分担、共同管理、相互配合、互利共赢。充分认识这种资源共享关系的生成境域，并从社会伙伴关系视角分析合作形态以及共享机制特征，促进校企的资源共享关系走向规范化与长效化。

1. 校企资源共享形态

校企合作的本质是学校和企业两种不同的组织在合作过程中基于不同的利益追求和价值目标来谋求共同发展的一种经济活动或教育活动。学校与企业进行合作，提供的资源是互补性的，不存在竞争的矛盾。从资源的角度来看，校企合作的主要原因是获得互补性资源，而不是互担风险或规模经济。因而，从资源依赖理论来看，对校企合作形成的基本解释是：通过合作伙伴关系可以与其他的组织实现关键资源的优势互补。

（1）校企合作的资源驱动——利用对方的关键资源。"资源"作为经济学名词，是指一国或一定地区内拥有的物力、财力、人力等物质要素的总称，是通过使用或直接可以为产业、社会产生效益的东西。"教育资源"是人类社会资源之一，包括自有教育实践和教育历史以来，在长期的文明进化和教育活动中所创造和积累下来的教育知识、教育经验、教育技能、教育资产、教育费用、教育制度、教育品牌、教育人格、教育理念、教育设施以及教育领域内外人际关系的总和，具有公益性、产业性、理想性、继承性、差异性、流动性；而职业教育资源是公共社会资源和市场经济资源的混合体，既有教育资源所拥有的全部特性，又有自己独有的特征，政府、市场、学校、企业和个人共同构成了职业教育资源供给的责任主体。

职业教育的资源需求是多层次和多类别的，目前主要体现在三个层次，即基本教育需求、生活保障的就业需求、生活品质或质量提升的发展追求。其内容主要包括基础文化素质教育、专业基础理论知识、专业基本实践技能、专业提升和拓展等。市场经济中社会对人才需求呈现动态且复杂的特点，市场人才供需系统受到教育周期性、人才就业区间、就业意愿以及就业满足度等因素的影响，是由社会、政府、学校、社会团体和个人等关系之间的相互作用构成，并在一定的历史规律下进行动态演化。人才供需的协调和匹配以及人才供需结构的作用和机理，需要从教育资源的供给角度得到确切理解，以真正实现多元主体之间人力资源的储备与共享。但职业院校不可能全部拥有，并且以一己之力也难以调配如此之多的支撑人才培养的社会资源，所以职业院校在不断地寻求与企业、行业、社会团体等不同主体的通力合作，建立合作共同体，扩充校企合作资源，以达到优势集聚、优势互补的整合效应。校企资源共享从此便形成一种理念：最紧要的资源不再需要自己拥有，但必须有能力调配，可以通过建立合作伙伴关系共同享用这些资源，且要以同样的方式向合作伙伴提供他们所短缺或需要的资源。

（2）资源共享的理想状态——建立社会伙伴关系。校企合作共同体作为校企合作、产学研的载体，多元主体合作的主要驱动因素之一是缺乏或需要生产能力或资源，以资源为基础的合作共享超越了物质类别的能力共享，当共同的、彼此可以接受的目标被一致同意，并且目标不包括之间的竞争时，这种合作关系就是最好的资源融合。职业教育的实施主体是各个利益相关者的相互结合，包括教育部门、劳动部门、职业院校、行业企业、教育培训机构、社会雇主、学生和家庭等，各利益主体通过建构社会伙伴关系形成一种多层面、多元化、放射性的合作，相互分享资源，彼此学习成长，以建立诚信和稳定的关系。

正如我国校企合作形态具有不同的类型一样，社会伙伴关系组织亦有不同的形式。一是法定型社会伙伴关系。其典型特征是由外部机构发起组建，并且他们的利益追求或优质资源是和社会相关或是直接共享的。这类团体一般是基于某种特殊政策目标，由他们所处区域中的相关官方机构发起，即政府或非政府组织建构起来的，如"太平洋海湾教育专区"，由企业和职业教育基金会给予资助；再如"学校—工厂社会伙伴"。二是社区型伙伴关系。其主要特点是关注所处地区的社会问题，以确保所有参与者可以获得足够的支持和资源。这类伙伴关系的建立主要是针对特定区域中的特殊问题，形成由地方区域组织、地方政府、行业企业、职业院校和教育培训机构紧密合作的区域网络结构。社区型伙伴关系一般跨越两个行政区域，以实现地方政府间的互动，同时，这种伙伴关系可以引导地方政府制定政策，为当地社会人员提供教育机会，如东北学习和就业网络、亚拉高级社区机构以及亚拉高级职业学院就属于这类社区伙伴关系。三是协商型伙伴关系。这种伙伴关系形式的建立是通过内、外部利益互动而发起组建的，基于互惠共赢的目标达成共识，以确保伙伴关系的维持、确保伙伴利益的实现，如昆士兰州社区服务和健康中心、圣詹姆士中学等团体就属于协商型伙伴关系。这种类型的社会伙伴关系已经运行了大约15年，远超过了法定型和社区型伙伴关系的运行时间。

2. 校企合作的伙伴关系纽带

学校和企业是社会组成单元中不存在竞争关系的两类完全不同性质的社会组织，尽管各自的目的不同、产品不同、组织结构不同、作业管理不同、运行体制机制不同、资金运作方式不同、文化不同、理念不同、社会责任不同等，但一个客观存在的事实是职业院校以培养高素质技术技能型人才为目标，而企业需要高素质技术技能型人才生产出满足市场需求的产品，所以以共同培养高素质技术技能型人才为核心的教育价值就成为学校和企业都需要和坚持的价值共识。

（1）校企合作过程中社会伙伴关系的植入。最初，"社会伙伴关系"是西方国家为了协调社会集团之间多种利益关系所采用的一个较为新颖的概念或范畴。社会伙伴关系是指由政府、公共机构、私营机构和社会团体形成的战略联盟，这个联盟是有助于提供具有创新性的、能够解决当地复杂的社会问题和经济问题的方案，这些解决方案必须有利于当地人民、有助于地方机构的协作。社会伙伴关系是社会不同群体之间通过共商协调形成利益纽带，建立在"共赢"基础上的一种契约合作关系，包括政府和非政府、经济实体和非经济实体之间的合作。通过建立这种多主体合作以提高成员的利益收益和工作效率，增强成员所拥有的社会资本，并且通过各群体间伙伴关系的构筑来加强社会合作，改变社会群体之间相互作用的方式与机制，使它们逐步以对话来代替对抗，使社会始终能够在一种相对稳定的环境中有序发展。

随着社会合作的不断发展进步，伙伴关系逐渐被移植到职业教育领域。目前，澳大利亚、加拿大以及欧盟等国家和地区在职业教育领域也引入了社会伙伴关系理念，并取得了显著成果。在职业教育的发展境域，传统的伙伴关系是指学校与企业的合作。从雇主角度来看，参与职业教育对他们有一定的益处，一方面有更多教育良好的年轻人可供选择，另一方面日渐缩短的产品周期使得员工技术调整加速。技术结构更新不断对在职培训提出新的需求，引入企业的参与将有利于开发针对市场岗位需要的职业教育课程。同时，伙伴关系也是一个发展中的概念。任何有关学校、雇主、其他个体或私人部门之间为达成共同目标的通力合作以改进教育质量为旨意的活动，均可视为伙伴关系，它是实现改善教育计划的一种参与方式，是一个建立共识的过程，这个过程是动态的、不断成长的、逐步进化的。职业教育领域的社会伙伴关系在多主体的助推下，逐渐由传统的协助实习转向通过不同的社会伙伴获取更全面的市场信息以及社会对职业教育的需求信息，以指导职业教育的产出与供给。

（2）职业教育社会伙伴关系的界定。发展至今，职业教育中的社会伙伴关系在动态中逐渐落定，这主要是指学校、政府、社会组织、企业、教师、学生、家长等为提升教育质量、促进社会和个人发展而建立的合作关系。这种合作关系反映在职业教育的办学形态上，既可以说是多元社会力量化办学的雏形，也可以说是职业教育办学所追求的方向。社会力量参与的校企合作办学一般由地方政府、职业院校、教育机构、行业企业、科研机构、行业协会等成员主体联合而成，具备社会伙伴关系的一般特征。第一是参与者，办学共同体内各成员主体都必须对该合作关系做出组织承诺，如共同体章程。第二是关系，成员间的合作关系应该是持久且有关联的，如共同体建立的长效性。第三是资源，每个参与者都必须给合作关系带来一些有价值的东西，或是合作过程中的生成价值，如技能、知识、资源。第四是分担与共享，在合作框架中，各方应共同承担责任，并承担各种风险，成员之间拥有共同的利益追求并达成共识，如共同体治理。第五是连续性，成员间具有共同的价值、达成共同的目标、形成良好的相互信任，如维护共同体运转。这种亲密无间的合作关系得以建立的基础是各成员主体承担履行承诺的义务、致力于共同的目标、彼此间建立信任、注重团队意识与建设、共担风险并且开诚布公地解决一切冲突和问题。如此一来，各方的关系与其说是"交易型"，倒不如说是"关系型"，并且合作各方都承诺为项目或某种合作的成功提供资源和信誉，因此，伙伴关系依赖于具体的成本共担协议、风险降低和风险分配的详细分析。

（3）校企合作共同体内部的关系网络。社会伙伴关系如同一个无形的大网，在任何活动领域无限集聚职业教育利益相关者，逐渐形成一个价值网络来维系彼此间的合作关系。在越来越复杂的全球环境下，构建成员间的关系网络是未来成功的关键，在网络中创造并传递价值。价值网络是信息、物质和人力的结合，若有意识地使这三种资源成为一个有机的整体，关键是在价值网络运行过程中要做到理解和处理好文化的相互映衬。职业教育社会伙伴关系的突出特征是将培养、培训、就业、升学捆绑在一起，形成一个共同体式的利益网络。社会伙伴关系的真正本质是提供服务，合作共同体内各主体皆有其角色职能，如职业教育与培训机构扮演的主要角色是满足经济与社会发展对人力资本的需求，为社会和行业企业培养应用型、技能型人才，并通过和行业企业建立合作项目和发展计划为企业员工提供培训；政府主要扮演着统筹者、协调者、规范者、资助者的多重角色，职业教育伙伴关系的形成和发展离不开政府保障方面的专项支持，离不开政府政策法规的扶助，离不开政府顶层设计上的全面统筹与局部协调；行业企业一般扮演着职业教育的举办者、投资者、消费者、服务者、合作者的角色，企业是职业教育的出发点和归宿，它为职业教育的发展提供平台，也是职业教育所培养人才的最大劳动力市场。

（二）校企合作中资源共享的现实审视

教育资源分布的不均衡是制约职业教育发展的主要问题，整合教育资源、深化产教融合，成为职业教育改革发展的着力点。从目前来看，校企合作的质量和深度直接关系着职业教育人才培养的质量和水平，对学生的未来发展和产业结构调整升级产生重要影响。但是由于受到诸多因素的影响，我国真实状态下的职业教育校企合作仍然处于初级阶段，流线型的单一校企资源共享虽取得一定成效，但在发展过程中还存在共享虚化、程度不深、利益纠葛等问题，亟须有一个平台来支撑和解决。

1. 校企合作中共享的资源类别

校企资源无外乎包含在人力、物力、信息、财力四大资源之内，基于教育性资源框架来分析，在目前的校企合作中，参与共享的校企资源主要有人力资源、生产性资源、衍生资源以及文化资源。资源共享的效果与校企合作的内外部环境有着至关重要的联系。

（1）人力资源的共享。校企合作共同体内参与共享的人力资源主要是师资和学生，师资包括校际专业教师、兼职教师的共享，以及校企间企业技术人员、下企业实践教师的共享；学生包括企业实习实训的各校学生，打破校际界限。在人力资源的共享上，职业院校和企业做得比较深入，具体表现在两个方面：①师资共享方面。兄弟院校之间互通有无，形成师资享用的模糊边界。校企合作共同体内学校和学校之间也有合作，专业教师在院校之间依据需求进行兼职任教；共同体中建立兼职教师资源库，不同专业背景的行业企业专家和技术人员供兄弟院校安排、使用。校企间形成兼职互聘，企业派遣技术人员来校参与教学工作，学校派专业教师去企业共同突破技术难题。②学生共培方面。以专业为合作纽带的校企双方共同制定实习方案，明确学生到企业的任务与要求，并根据要求进行严格的考核，以此保证实习效果，特别是校企共建学院，要求制订详细的工作计划，每期实习都进行师徒结对、分组结对、分组指导，任务明确到人，并且举办师徒结对仪式，以增强师傅与徒弟之间的使命感与责任感，密切师徒关系、增强实习效果。校企合作开班，广泛培养、培训有兴趣或有需求的学生。

　　（2）生产性资源的共享。校企合作共同体内参与共享的生产性资源可分为硬资源与软资源。硬资源主要是指实训场所建设，即实训中心、工作室、配套设施等；软资源主要是指教学培养实践，即课程教材、项目化教学、培养方案等。关于生产性资源的共享，职业院校和企业越来越注重实践的落实，主要体现在两个方面：①实训场所建设方面。学校与企业合作共建共享实训基地，校企共同体中的企业几乎全程参与。例如，学校提供场地以及专业人才，企业提供设备以及项目订单，校企合作共建实训基地，采用完全真实的实训环境，引入完全真实的工作任务，每个实训中心均有合作企业，安排基于合作企业工作任务的实训项目，实现真实运营。对于生产线上的合作共享，这一流程的共建共享比较复杂，因为大部分企业对产品规格、技术含量的要求比较高，生产线对规格、质量的形成至关重要，所以生产线的共享程度并不是很高。②教学培养实践方面。课程教材共同开发，校企合作委员会指导校企成员合作开发课程，并将课程在行业、企业中推广，用于企业内训、订单班讲授，在共同体同类专业中进行成果共享。虽然校企合作编订的课程、教材在数量上颇为可观，但称得上优质课程、教材的还不是很多，所谓的"优质课程"共享程度也不是很高，仅局限于共同体内，外界辐射度比较小。企业为课堂教学提供真实案例，如真实的生产线流程、操作工序中错误的做法、某个产品的开发过程、某项技术的攻关瓶颈等，使得企业生产实际内容走进课堂，为教学提供"效""用"双修的生动素材。校企双方共同制订人才培养方案，并完成共同体内相关专业人才培养方案的修订，把行业职业资格标准融入课程教学。此外，校企合作共同体还积极探索人才的系统化培养，如在中高职衔接上不断努力，不管是人才培养方案还是课程教学，都尽量做到一体化、系统化。

（3）衍生资源的共享。所谓衍生资源，是具有增值性的资源，反映出价值创造的过程和结果。校企合作中参与共享的衍生资源可分为研发资源、意识资源、就业平台。对于衍生资源共享，我国校企合作平台虽然有一部分在实践中也在做，但效果上差强人意。研发资源既可以说是技术攻关也可以说是技术服务，涉及知识产权、生产专利、重大项目等，在层次上超过了单个企业的水平，一般是企业群组与专业群组的合作共攻。在实践中，企业给出"技术难题"，由教师来承接，或是企业技术专家和学校优秀专业教师结成项目组，共同攻破瓶颈。意识资源既可以说是主观认识也可以说是文化渗透，教师下企业实践的重要收获之一就是提高对岗位、对行业、对现代技术的认识水平。企业对产业发展的感知、动态最为清楚，对行业和市场的走向及变化最为敏感，对技术、设备的追求也最为前卫，教师在企业实践过程中耳濡目染的先进性与时代感，促进其育人理念的更新、课堂教学内容的调整，提高学生对市场需求的适应性。这种意识形态在合作交流中得到认可与共享，并且校企合作也极其重视教师下企业实践的环节。就业平台主要是指学校群与企业群合作下的产物，不是"一校对一企"而是"多校对多企"的平台，从"单向选择"发展为"多向互选"，在这个大平台上既拓展了学生的就业面，也提高了学生的就业质量。在合作过程中，基于校企合作的就业平台，企业还能优选人才。

（4）文化资源的共享。文化资源属于隐性资源，这里主要是指企业文化资源，行为规范、操作流程、职业素养、制度管理、经营理念等都属于企业文化的范畴。以师徒文化传承为例，通过"拜师学艺"的形式，徒弟拜企业有资格的技术人员、管理人员为师。对徒弟的要求是尊敬师傅，礼貌待人，刻苦钻研，勤奋学习，认真守纪，注意安全；同时也要求企业师傅胸怀宽广、真心待徒，认真传授知识和技能，严格要求与训练，做到既带思想又带作风。"师带徒"是职业教育对本源的回归，企业的核心理念、价值观、工作氛围，都是职业教育的大课堂。目前，我国职业教育极为重视对"工匠精神"的传承，将"匠人神韵"渗透到教育的每一个角落，除了师徒文化外，专业课程、实习实训也渗透着产业文化，践行专业群与产业群的深入对接，企业文化延伸至校园，促进校企文化间的融合，以共同滋养、培育人才。

2. 校企合作中资源共享的困境

学校和企业作为职业教育发展的两大重要主体，从工学结合到产教融合，双方合作程度不断加深，相互间的异质资源依赖程度不断攀升，但在共享环境、共享广度、共享深度、共享机制等方面的摩擦也时有发生。

（1）共享环境，校企资源整合缺乏有效氛围。一是政府推动资源整合的作用失位。资源整合共享是指在一定的区域内教育部门打破职业教育主体之间的现有界限，通过集聚和分配整合，统一筹划师资、教学、仪器设备、教育信息等资源的分配与使用，与行业、企业、社会共同享用，且共享形式多样、内容丰富。政府在校企合作中，对职业教育资源整合共享承担着重要的角色和功能，不仅要促进两个不同主体走在一起，还负责组织资源的整理。从目前来看，所谓的整合还停留在旧资源的盘活，没有进行再加工和精加工，在政策作为上远未达到校企资源共享所要求的良好环境。二是校企资源共享无位。学校和企业在资源的整合共享中缺乏纽带与平台，单校对单企的"1＋1"合作感觉压力很大。大型国企或龙头企业本身规模大、实力强，可能合作压力相对小一些，但大型企业毕竟是少数，而且从长远来看，单个企业也难以提供稳定的、具有一定规模的就业岗位。虽然有成立某种形式的校企联盟，但也只是职教资源的重复建设，受益范围较小。如现有的职业教育信息资源平台大部分都是"独立分散式"的，各资源之间缺乏统一的技术凝聚，共享稳定性差，同一资源在多个单位重复建设，浪费严重、效率低下，资源库之间也无法实现互通有无，大大降低了职业教育资源的使用效益。校企之间理想的资源共享，应该是实现一种基于区域范围，甚至国家、国际范围上的大共享，并不是局限于自己的一方小天地，校与企的一对一对接终归太过狭隘，并且对于行业产业的普适性比较差，不利于迁移与借鉴。

（2）共享广度，校企资源共享面有待拓宽。校企之间参与共享的资源大部分还是硬件设施、常规资源，技术层面软资源的参与少之又少，究其原因主要是主体权利义务的边界不明确。就实习实训而言，职业院校需要的是具有技术含量、与先进生产方式相联系的技术岗位，来帮助学生全面训练以掌握系统的技术技能，但问题是，企业不愿提供技术含量高的岗位做实训，更不愿提供全套的岗位技术。企业以生产为主业、以营利为目的，一切岗位都要服从生产和营利的需要，因此，企业在实训场地的提供上，主要是提供一些低端技术生产岗位，甚至有些企业会把技术含量极少的岗位专门让学生以训练的名义上岗操作，通过低酬劳从中赚取利润，这些都与职业院校对企业合作的目标恰恰相反。

就课程教学而言，学生的学习内容应该是就业后有用的、对工作有帮助的，这些内容很大一部分只有企业内充分了解岗位情况的人员才能全面掌握，这些人员应该成为职业院校师资队伍的必要补充，但企业提供理想的技术人员参与教学存在很多困难。一是时间和精力不允许，高素质的企业技术人员才能对学校教学提供帮助，但这样的技术骨干必然会把大量精力用于企业管理与发展，虽然学校通过弹性时间安排能够得到这些人员的暂时帮助，但让他们用较多时间去教学则有一定难度。二是技术或技能专利保护，学校最需要企业人员提供的关键技术和技能可能就是企业处于竞争需要而必须保密的内容，企业技术骨干个人很难决定哪些内容可以公开用于教学。

（3）共享深度，校企资源融合共享浮于表面。一是企业参与积极性不高。教育部推行工学结合、产教融合的办学模式，希望企业能够走在前面，起到主导作用，但现实中，学校和企业资源的共享还面临很大阻力。众所周知，企业的目标是追求经济利益，在现有政策环境下，企业参与职业教育没有享受到税收优惠政策，不管是半工半读还是工学结合，企业在合作中除了获得人力资源方面的某些利益外，基本得不到其他切实的好处，一些企业担心接收学生实习会影响生产，再加上企业对职业教育校企合作的办学内涵不甚了解，未认识到职业教育对企业的贡献，从而严重地影响了其参与的积极性。二是共享收益分配不明晰。校企利益共同点还未形成，资源共享之后，对于院校而言，可以提高本校的教学、管理等综合实力，通过与企业合作，学生出口渠道拓宽，获得较大收益；而对企业而言，企业最关心的是能否获得更优秀的劳动力，劳动者的技术技能是否有新的价值提升，是否具备胜任企业目前和未来发展的岗位要求的职业能力，合作学校是否有能力解决企业在经营、管理中的困惑等。这些问题还未得到肯定的答案，收益也不确定。三是校企双方缺乏信任。校企之间对合作培养、合作生产的认识还存在眼前利益与长远利益、偏安一隅与全局规划的矛盾，不少企业认为办教育只是学校的事情，学校和企业尚缺乏理智而成熟的"合作教育、优势共享"理念导向。作为校方，必须转变传统的办学观念，尝试创新合作模式，努力提高合作育人质量，做到培养目标基于需求、办学形式适应市场，使学校专业设置与经济发展相适应，使学生素质与企业需求相适应，只有这样才能赢得企业的信任与支持，校企合作共享才能取得长足进步。

（4）共享机制，校企资源共享尚未形成双向流动。现在许多学校和企业的合作共享未实现纵深发展，根本原因是没有实现资源的双向流动，未建立资源的双向获取机制。一是校企间的松散型合作。实训交流方式不当，学生实习时间短，来不及掌握实践内容，企业也未配专门工程师指导学生，学生很难从企业获取实用资源；同样，学校丰富的资源也没能通过学生或其他方式带给企业。人才共同开发机制不良，在人才资源开发的方向、规模、层次、内容等方面仍是以各自为中心，造成学校学生不了解生产和市场；同时，人才信息局限于本单位或本行业，致使人才共享的机制尚未建立。二是合作中校企双方都未投入核心资源。学校不愿对企业进行实质性的资源投入，企业得不到理想收益，合作热情便逐渐冷却。从目前来看，有些企业在合作共享中，主要是通过设立学生奖学金、赠予学校实训设备来参与，但从整体上来看还是处于学校单方主导的合作形式，对于人才"校企共育"的追求仍有一定差距。在顶岗实习方面，供给的工种比较单一，多工种轮调的实训还比较困难，再加上岗位作业的实效性欠缺，以至于实习实训的内容与技术技能培养目标存在一定差距，参与合作的动力也随之下降。

三、企业参与职业教育的体制机制与社会责任

（一）企业参与职业教育社会责任的理论审视

深化产教融合校企合作之所以难以实现，既有校企合作外部激励保障不到位的因素，也有企业自主承担职业教育社会责任觉悟不够的内部因素。事实上，我们可以将企业参与职业教育的行为视作遵守社会契约前提下的责任履行，这意味着企业参与职业教育过程即是履行社会责任的过程。鉴于关系契约理论本身内涵丰富，具有较强的适用性和动态的解释力，本书以关系契约为分析框架，从理论层面阐释企业参与职业教育社会责任的内在规约性。

1. 关系契约的理论提出和价值属性

关系契约的概念最初由麦克尼尔提出，他对现实生活中发生的真实契

约现象进行了描述，认为所谓契约不过是有关规划将来交换的过程的当事人之间的各种关系，而"关系"就是一个人与另一个人通过社会的或其他相互的连接而发生作用的处境，或通过情景、感情等的关联。它突破了原有古典契约理论的基本观点，在对古典契约理论继承与批评的基础上，重建了一套新的契约秩序。麦克尼尔从动态及未来的视角来理解契约，重视契约缔结背后复杂社会关系对契约履行的影响，注重契约与社会互动功能的实现，强调"交换"和"过程"，并逐渐成为经济学、管理学、法学研究的焦点问题。本书结合企业参与职业教育社会责任实践，主要从以下维度来分析关系契约的理论属性。

（1）统一体特征。统一体是指有着共同目标、基本规范和价值追求的组织，其需求的实现以相互团结、合作援助为前提，在一定意义上体现了契约方的相互依赖性。关系契约将当事人看作是一个关系共同体，即从一开始缔约就存在的关系共同体。从社会关系角度分析，关系契约超越了合同确定的权利义务约定。它的统一体特征体现在两个方面：一是组织成员内部的统一，即契约参与者之间不仅存在权利义务的对等性，还应当基于契约参与者互相保护、互相帮助、合作互惠的理念。这也是契约精神的一种价值取向，要求关系契约参与者不仅追求个人利益的最大化，同时还要兼顾组织其他成员的利益，并站在更高层次进行合理统筹，以实现集体利益最大化。二是组织内部与外部社会的统一。以企业为例，企业作为社会组织的重要代表，在追求经济利益的同时，还需要考虑自身处于社会组织当中的特殊地位，并承担与之相适应的社会职责，以维护关系和社会规范，达到经济利益和社会效益的整体协调；反过来，企业实现的社会效益也会视情况而为企业带来更好的经济收益。可见，统一体这一概念的使用通常是为了表达一种与利益相关的人际联系，且这种联系不是暂时的，也不是一对一的，而是一个纵横交错的巨大社会关系网络，互利互惠是维系其存在的核心因素。

（2）长期性特征。长期性特征是从时间维度来审视关系契约的履行过程，可以确定的是，关系契约的缔结和履行是一个复杂而漫长的过程。究其原因，主要是由两个方面决定的：一是有限理性决定了关系契约的长期性。社会人的主体假设认为人是有限理性的，由于人自身认知能力、获取信息成本、利己利他思维等方面的限制，决定了关系缔结之初很难预料有关行为的各个方面，所以关系契约的维持必然是长期调整的结果。二是内容不确定性要求关系契约的长期性。缔结关系契约象征着矛盾的解决，但绝不意味着矛盾的消除。随着时间的推移，参与者也会预料到关系契约并非个体单纯的合意，履行过程中必然会出现新的问题和新的矛盾，如机会主义行为的出现，需要根据新的情况重新调整内容和关系以应对不确定性。与团结和合作相反的是机会主义行为，制度的一个非常重要的目的就是要防止各种各样可预知和不可预知的机会主义行为。因而，为尽可能维持契约关系，关系契约本身十分注重利益分担机制的建立，动态平衡契约关系参与者的利益。

（3）非承诺性物质交换的存在特征。在关系契约中，契约参与者之间关系的交换具有广泛性，不仅进行经济契约的交换，还包含以合作和互惠为内容的其他要素的广义的社会性交换，可以说这是一种隐性的交换。我们必须将关系契约放大到整个社会这一复杂的大背景下加以分析和考察，引入各种交换关系，考虑非承诺性物质交换等其他社会因素的影响，如注重社会地位、社会价值观、社会规范和情感联系等在交换中的实际效益。值得注意的是，除了即时性的交换，关系契约还涵盖对未来意识期待的交换。基于关系契约的长期性特征，关系契约参与者对未来交换产生了合理预期，并愿意以未来意识换取现在关系的维系，当这种预期被参与者接受并认同后，就形成了关系规范，如企业在社会生产实践中努力践行高度社会责任感以赢取一定的知名度、满意度和美誉度。当然，除了关系规范外，还存在其他的社会规范，所有这些非承诺性物质交换的存在都有助于参与者更加积极主动地履行契约，避免和减少违约事件的发生。

2. 关系契约与企业参与职业教育社会责任的属性契合

基于对关系契约理论提出和属性的分析可知，关系契约理论以社会学的视角解释了现实社会的契约关系，具有独特的理论优势。而企业参与职业教育则是企业承担社会责任的具体体现，无论是美国经济发展委员会提出的企业社会责任同心圆体系、莱辛格企业社会责任层次体系，还是卡罗尔企业社会责任金字塔分层理论，无不强调企业社会责任的自我履约，高度契合企业参与职业教育的主体定位和动机选择。

因而，关系契约视域下企业参与职业教育亦具有统一体、长期性和非承诺性物质交换的存在的属性特征，且之间的相互关系如图 5-1 所示。

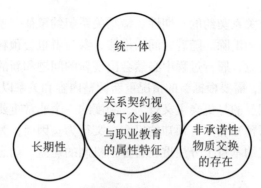

图 5-1　关系契约视域下企业参与职业教育社会责任的属性特征及关系

（1）企业参与职业教育的统一体特征。校企合作不仅是一种育人模式，更是利益相关者之间进行资源再配置、利益再分配的过程。针对利益冲突对立统一的关系，关系契约理论强调契约性团结。这种团结表现出统一体特征，具体是指契约参与者个人利益的实现要通过其他参与者利益的共同实现来满足，是一种指向广义且综合的互助同构关系，具有集体约束力的效力。

事实上，职业教育需要基于职业教育中的校企合作——行为机制、治理模式与制度创新满足市场需求以实现受教育者的就业目标，从而实现技能型人才的内外价值，达到企业技能型人力资本的能力开发诉求。通过对行业企业领头的 300 家企业在履行企业参与职业教育社会责任方面情况的调查，发现大部分企业对于职业教育利益诉求的实质是人才的职业能力培养，并做出了重大尝试，其参与的主要方式是校企合作共建产学研中心（基地）、开展各类技能大赛、开展不同类型和层次的员工培训等。目前，一方面国内部分上市公司和大型企业集团相继成立了企业大学与培训学院；另一方面，部分上市公司与职业院校直接合作，参与人才系统培养过程。因而，企业参与职业教育并不是单方面的成本投入，而是互利互惠的社会交换和利益均衡的满足实现，具有明显的统一体特征。它与政府、行业、职业院校、教师、学生等关系自身因存在许多共同或相继的人力资源方面的利益需求而形成了复杂的相互依赖网。企业参与职业教育不仅能够满足企业内部发展需要的人力资源要素，让更多的企业开始关注职业教育，自主自愿地接受承担职业教育责任的理念，并在发展过程中不断践行职业教育职责，实现企业经济效益与参与职业教育投资的良性循环，有利于企业更好地处理与职业院校的外部合作关系，更好地协调企业与社会的发展关系，在为职业教育发展提供实习实训等发展要件的同时，实现自身的有序、长远和持续发展，如企业在为教师社会实践提供机会的同时，也分享了教师企业实践的成果，增加了意想不到的收益和价值。

校企合作衡量的标尺不仅在于涵盖企业参与职业教育的数量和广度，更在于其参与的深度和可持续性，而深度和可持续性又深深地根植于互利共赢长效机制的保障。校企利益共同体建设既是政府、行业、企业、职业院校等办学共同体形成的关键因素，也是校企合作关系长久维持的动力源泉和重要保证。可见，企业的高度配合和深度参与是校企双方共同的利益取向。关系契约视角下，必须强调构建企业参与职业教育的统一体特征的重要性，既要考虑契约参与者之间的利益博弈，又要考虑如何整合相互冲突的价值观，以实现合作共赢。

（2）企业参与职业教育的长期性特征。关系契约是一种由未来关系价值所维系的非正式协议。由于关系契约自身的不完全性、人的有限理性以及信息不对称等引起缔约成本和证实成本的增加，使得契约的实现是一个长期渐进的过程。同理，企业在参与职业教育的过程中，由于偶然性、复杂性和不确定因素的存在，建立双方长期稳定的伙伴式合作关系也是一个复杂的履约过程，需要政府、行业、企业和职业院校等相关办学主体反复磋商和不断调整。

校企合作利益主体多元。2010 年国务院印发《关于开展国家教育体制改革试点的通知》，明确提出建立健全政府主导、行业指导、企业参与的办学机制体制，创新政府、行业及社会各方分担职业教育基础能力建设机制，推进校企合作制度化。企业在参与职业教育实践中，也确实涉及政府、行业、企业、职业院校、学生等多个利益主体，应该承认其价值追求的客观性。纵观校企合作发展历程，多年来我国职业院校通过寻支持、搭平台、建机制等多方努力，却始终没有解决校企合作这一历久"弥新"的历史性发展难题，其根源在于校企双方的合作更多是依赖于私人情感因素，尚未建立制度化的校企合作运行机制，以解决多元办学主体合作问题。

校企合作形式丰富多样。校企合作不是仅强调末端的"结合"（顶岗实习、就业）就能得到解决的问题，必须要深入地将其贯穿于人才培养的整个过程。由此观之，校企合作不仅形式多样，还具有一定的层级分布，且《国务院关于加快发展现代职业教育的决定》明确指出，我国职业教育改革的重点在于产教深度融合。因而，要想实现职业教育人才培养的全面提高，贯彻落实企业参与职业教育人才培养全过程的要求必不可少。一是共建实习实训基地，满足学生实践能力提升需求。二是接纳教师赴企业实践，服务教师专业化成长需求。三是搭建产学研共同体，提升职业院校区域服务能力。四是开展社会培训，承担开放式教育培训体系完善职责。如中国第一汽车集团公司、四川长虹电子集团有限公司、神州数码网络有限公司和东风汽车集团股份有限公司等与国内院校合作，共同创办学院或共建实习实训基地，已成为全国职业教育师资专业技能培训示范单位，负责承担专业人才的培养与培训和技能鉴定工作。与过去相比，虽然我国职业教育校企合作在各方的竭诚努力下取得了显著成绩，校企合作水平不断提高、合作进程不断推进、合作深度不断挖掘，但随着我国职业教育体制机制改革进入深水区，很多校企合作核心利益矛盾集中凸显，校企合作关注的重点也逐渐聚焦到运行机制、长效机制、体制机制和治理结构等问题。有建议从建立现代职业教育体系的高度推动产教融合制度创新，探索政府、行业企业、职业院校等利益相关者各尽其能促进产教融合的新路径，尝试着用新思维、新方法赋予校企合作老问题以新突破、新进展；也有推崇混合所有制、集团化办学、现代学徒制等新近涌现的发展模式，旨在进一步明晰校企合作利益主体间的角色定位及权责关系，突破办学体制机制束缚，构建校企合作常态化运行机制。如《国务院关于加快发展现代职业教育的决定》明确提出，"探索发展股份制、混合所有制职业院校，允许以资本、知识、技术、管理等要素参与办学并享有相应的权利"，奠定了职业院校混合所有制办学模式的政策基础。但无论方式如何，其目标指向都是一致的，即基于我国职业教育发展的特殊国情，激活企业参与职业教育的自主性，并将之内化为企业自我发展的原发性行为，破解校企合作深层次的困境。

因而，随着产教融合的深化，企业参与职业教育将深层次地触及校企合作的焦点和难点，也会折射出更具隐蔽性、复杂性与不确定性的制约因素，利益关系协调将更加复杂多变。如何通过制度化的弹性机制应对不确定因素的影响，落实企业办学主体地位，保障企业投资收益，是企业参与职业教育、缔结长期性契约的重要方面。

（3）企业参与职业教育的非承诺性物质交换的存在特征。非承诺性物质交换的存在拓展了交换的内容范围，也扩大了关系契约理论的适用范围。众所周知，企业履行参与职业教育社会责任根植于社会，合作互惠是关系契约理论的基本价值导向。当然，这种合作互惠既包括物质性的交换，也涵盖非物质性的交换。企业履行社会责任最佳状态就是要在股东与利益相关者之间建立起利益协调的机制，以形成能够在企业与利益相关主体之间实现良性互动的统一体。通过对企业参与职业教育的动机分析，除了获取人力资本的潜在效益和服务产品延伸的经济功能，企业还将参与职业教育作为一种公益慈善行为和承担社会责任的道德行为，进而提高企业的公众形象和社会声誉。这是企业参与职业教育重要的外部动力，如一些企业通过发展基金或奖学金形式，出于公益行为选送一批职业学校优秀的学生外出培训，旨在为这一行业培养高精尖的技术技能型人才。实践也不断证明，由于教育效益的发挥具有一定的迟滞性和后发性，企业对参与职业教育的效益很难完全通过物质标尺来衡量，且只靠经济交换获得的关系未必长久满足。因而，随着社会主义市场经济开放程度的提高、现代企业制度完善，企业在追求经济利益的同时，非经济利益或者说社会普遍关注的利益也成为很多企业尤其是大型企业追求的重要目标之一。不可否认，不同性质、不同规模、不同发展阶段的企业，其所形成的社会关系契约有所不同，从而企业承担的社会责任也不尽相同，同时，参与职业教育的实际趋向也存在显著差异。对于行业领军或行业主流企业来说，由于雄厚的发展实力、强劲的发展潜力和崇高的社会责任感使得其在参与职业教育方面显得较为自觉，而这样的自主行为在一定程度上又为企业的发展赢得了广泛的社会认可，因而，非承诺性物质交换的存在特征极为明显。

3. 关系契约与企业参与职业教育社会责任的价值契合

　　基于关系契约的三大属性特征，从关系契约的视角来观察企业参与职业教育问题。这既是企业追求经济性的价值体现，也是企业承担职业教育社会责任的现实考量，更是职业教育跨界本质属性的价值趋向，其关系如图 5-2 所示。

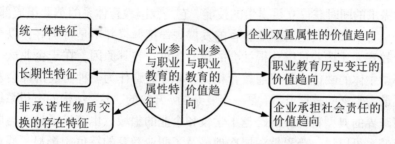

图 5-2　关系契约视域下企业参与职业教育社会责任的属性特征与价值趋向关系

（1）企业参与职业教育是企业双重属性的价值趋向。关系契约的主体假设是"社会人"，但它并不完全否认"经济人"的价值取向，体现了企业参与职业教育的统一体特征，也反映了企业参与职业教育双重属性的价值趋向。可以说，双重属性正是企业参与职业教育的逻辑起点。一方面，企业作为市场经济活动的主体，扮演着"经济人"的角色，其做出的任何选择都建立在对成本和收益权衡的基础上，这决定了其参与职业教育方面的动机与需求是一致的，是企业的本质属性决定的。根据市场经济利益最大化的基本准则，企业对职业教育的投入与参与，必然会有一定的投资预期和收益要求，原则上至少应符合两个基本条件：一是企业的教育投资支出所能取得的预期收益按市场贴现率贴现后不应低于其投资成本；二是企业教育投资的预期收益率应等于或不低于企业在其他方面的收益率。换言之，只有为企业带来超值收益的教育投资才会被企业所采纳和实施。另一方面，企业作为一个社会性组织，以"企业公民"的身份存在，是社会大家庭的重要组成部分，尤其是现代企业制度下要正确认识企业和社会的关系，企业不仅应当注重营利，更应该成为为其他契约者服务的工具。而职业院校属于国家公共事业单位，其所提供的产品和服务显然既不属于纯公共产品，也不能归属于私人产品，而是介于两者之间的准公共产品，具有明显的公益性特征。因而，企业参与职业教育有益于促进社会公益性价值的实现。可见，企业与社会交易活动所形成的契约关系既具有私人性，又具有社会公共性，企业应当在可以选择和衡量的范围内对企业的经济利益和社会效益之间进行成本的权衡，便于在企业整体目标上达到一种相对均衡的状态。

（2）企业参与职业教育是职业教育历史变迁的价值趋向。职业教育泛指一切增进人们职业知识和技能、培养人们职业态度、使人们能顺利从事某种职业的教育活动，目的在于使所培养的人在能够满足社会和时代不停进步需求的同时获得立足谋生的技能。它是我国教育体系的重要组成部分，但是一直以来，我们对职业教育的发展规律把握得并不是特别好，以至于职业教育人才培养难以获得社会的普遍认可。究其原因，在于企业这一重要办学主体的缺位。与普通教育相比，职业教育作为一种与经济社会发展关系最为紧密的教育类型，是一个复杂的、开放的、多层结构的有机系统，具有跨界的典型特征。既跨越了学校和企业的疆域，也跨越了教育与职业的范畴。可以说，跨界性深层次地触及了职业教育的特色，彰显了职业教育作为一种教育类型的内涵与特征。显然，职业教育的发展离不开企业的支持与参与。

企业参与职业教育是一个历史性和具体性的范畴，一系列国家政策和制度的变迁在很大程度上影响了校企合作的实际走向，具体表现为企业在校企合作中的地位和作用的变化，即由开始的职业教育的举办者到职业教育的参与者，再到职业教育重要办学主体的转变过程。可见，国家对职业教育的政策和制度是校企合作的出发点，解决校企合作问题也始终是职业教育改革发展的方向，体现了企业参与职业教育契约形成的长期性。

（3）企业参与职业教育是企业承担社会责任的价值趋向。社会属性是企业社会责任的根源，它构成了企业社会责任的可能性基础。且企业社会责任的思想由来已久，它伴随着企业的发展而日渐完善，最早可追溯到安德鲁的著作，而相关概念和理论的提出则始于1924年欧利文·谢尔顿的研究。本书从关系契约的属性特征出发，认为非承诺性物质交换的存在是企业承担社会责任、参与职业教育的逻辑起点，认为企业社会责任是指企业在谋求股东利润最大化之外所负有的维护和增进社会利益的义务的观点。换言之，企业为获取更多的经济利益和交易机会，在享受社会所给予权利的同时，应当承担相应的社会责任，如提供优质的产品服务、保障员工合法权益、维护竞争市场的秩序、重视和创新知识产权、参与公益事业等，而参与职业教育也是其众多社会责任中重要的内容。

首先，关系契约理论多元价值追求决定了企业参与职业教育的必然性。根据关系契约理论，既关注契约团结也注重契约公平的多元价值追求要求政府、企业、职业院校、学生等职业教育办学的相关利益主体依据"谁受益、谁投资"的原则进行成本分担。而学生和国家分别以学费和政府拨款的形式分担教育成本，唯有企业仅仅付出"成品"的使用费用，却有意无意地忽略了人才的"生产费用"，应该说是不太合理的。其次，企业在参与职业教育履行社会职责时具有未来意识的预设前提。这意味着企业履行参与职业教育社会责任是为了获得更好的未来的交换。实际上，企业与相关契约主体的社会交换和互动是广泛的，一方面是为了获得企业与相关契约主体的协调发展，如现在即时性的交换；另一方面是为了获取未来更多的交换利益，如对未来意识期待的交换。因此，企业在参与职业教育方面应当承担起两个方面的责任：一是开展在职员工培养培训活动，利用职业院校场地优势、技术优势和人员优势开展企业产品研发和技术升级，满足即时性交换的需求。二是深度参与校企合作，共育高素质劳动者和技术技能型人才，满足对未来意识期待的交换。众所周知，高素质劳动者和技术技能型人才的成长不是一蹴而就的，而是需要经过一个相当长的培养周期，更少不了企业在这一过程中的培育。因而，企业积极参与职业教育校企合作，深度融合产教过程，主动介入前期人才培养，有利于缩短"学校人"向"职场人"的过渡期限，获得优质人力资源的优先挑选权。

根据美国学者卡罗尔的金字塔分层理论，企业承担的社会责任应与企业发展规模相匹配，即使是小规模的企业，也应承担部分与企业相适应的社会责任。对于中小微企业来说，由于企业的性质规模、发展阶段和理念格局的局限性，其参与职业教育校企合作的利益诉求可能是现实功利的，局限于满足企业实际生产的用工需求即可。众多中小微企业其实并不是不积极参与校企合作，而是更关注自身企业的性质和用工需求，旨在降低生产成本，追求短期利益最大化，使得学生的顶岗实习具有季节性与偶然性，且合作流动性较大。

（二）企业参与职业教育的社会责任的内在机理

企业社会责任，这一概念最早是由英国学者欧利文·谢尔顿在《管理哲学》一书提出的。由于企业社会责任本身包罗万象，而且边界也在社会实践中不断扩展，以至于至今尚未形成一个统一的企业社会责任概念。但国外学者在研究过程中尝试避开"企业社会责任概念丛林"的困境，概括出了企业社会责任应当遵循的原则和标准，并形成了两个基本共识：一是承认企业追求利润的合理性，二是关注利益相关者的诉求。事实上，在企业漫长的发展历程中，传统古典观和现代经济观曾聚焦企业是否应当承担社会责任和如何界定承担社会责任的边界而展开激烈争论，并使得企业社会责任的内涵不断丰富和深化。20世纪90年代开始，企业自主承担社会责任已成为广大学者和经营者的普遍共识。而从职业教育领域来看，由于企业是职业教育"产品"的需求方，最关心职业教育"产品"的质量，最清楚职业教育"教什么""如何教"和"为谁教"等基本问题，我们对企业参与职业教育主体地位的重视也与日俱增。不久前，教育部等六部门印发了《职业学校校企合作促进办法》，再次强调企业应当依法履行实施职业教育的义务，重申了企业履行职业教育社会责任的重要性。因而，我们有必要联系相关理论和社会实践对企业履行参与职业教育社会责任这一现象进行穷原竟委地讨论，从而为深化产教融合、校企合作提供新的分析视角和实现路径。

1. 企业参与职业教育的社会责任的类型划分

企业履行职业教育社会责任源自对企业社会责任的理解和具化。因而，在对企业社会责任认知的基础上，我们将企业参与职业教育的社会责任定义为：凡是企业参与职业院校以及企业自身在实施职业教育过程中通过共同育人、合作研究、共建机构、共享资源等方式实施的合作活动，旨在增进人们职业知识技能、影响人们职业道德素质、改善职业发展状况方面采取的措施都是履行职业教育责任的表现，具体内容涉及人才培养、技术创新、就业创业、社会服务、文化传承等维度。这是一种广义上的认知，它将企业参与职业教育本身视为履行社会责任的表现。根据不同标准，企业履行职业教育社会责任可以划分为不同类型，如表 5-1 所示。

表 5-1 企业履行职业教育社会责任的类型划分

划分标准	划分类型		
涵盖范围	员工职业教育（内部）	学校职业教育、社区职业教育（外部）	
发展动因	逐利型	公益型	综合型
实施内容	职业启蒙教育	职业准备教育	职业发展培训
参与方式	职业培训	职业教育	职业活动	公益活动

（1）依据涵盖范围划分。依据涵盖范围，企业履行职业教育社会责任的实践行为可以分为两类：一是内部的员工职业教育，这是企业优化人力资源而全身心投入职业教育的表现，主要是指企业针对内部员工技能升级而建立的完善的职业教育培训体系。《国务院办公厅关于深化产教融合的若干意见》中强调落实企业职工培训制度，强化企业职工的在岗教育培训。二是外部的学校职业教育和社区职业教育，其中学校的职业教育即通常我们认为的狭义职业教育，企业履行职业教育社会责任主要通过投资办学、订单培养和实习实训等方式实现，而社区职业教育主要是指企业融入社区需求以此开展各种正规、非正规的教育培训活动，如针对残疾人等弱势群体提供技能补偿教育，帮助其解决就业与再就业的生计问题。

（2）依据发展动因划分。依据发展动因，企业履行职业教育社会责任的实践行为可以划分为三类：一是逐利型，如企业出于经济动力与职业院校普遍开展的订单合作培养形式，主要以中小型企业为主，这类企业对劳动力具有较大的依赖性，大多属于劳动密集型行业。进一步分析可知，企业之所以自主履行职业教育社会责任的很大原因在于其能够满足企业内部发展需要的人力资源要素，实现企业经济效益与参与职业教育投资的良性循环，具有低成本和高收益的显著特征。二是公益型，这类企业将履行职业教育社会责任视作一种公益慈善行为。通常国有企业和民营企业在公益性方面表现较好，主要以捐资助学、教育基金等公益项目参与其中，同时这些企业也因积极承担社会责任的道德行为收获了良好的社会声望，体现了企业与社会进行的以高度社会责任感换取良好社会形象和信誉的交换性关系。三是综合型，这一类企业兼具经济因素和道德使命，一般以行业领军或行业主流企业为代表，它们将履行社会责任作为公司发展战略的重要组成部分，如华为、联想等大型企业在与职业院校开展联合办学的行为动机是复杂的、综合的和集成的，它可能出于经济动力却不经意间履行了大型企业的社会责任，也可能因纯粹的公益心而收获丰厚的经济回报。可见，职业教育投资具有其他投资的共性，企业既可能为追求经济利益而投资，也可能为追求公益心理和精神满足而投资。

（3）依据实施内容划分。依据具体实施内容和实施对象，企业履行职业教育社会责任的实践行为可以划分为三类：一是职业启蒙教育，主要针对青少年，如 LG 甬兴化工利用企业在化学理论和与实验器材方面的优势，自主开发趣味化学课程为社区青少年提供职业启蒙教育。二是职业准备教育，主要对象是职业院校的学生，企业通过校企合作的方式为其提供由学生向员工过渡转换的通道，如联想与职业院校联合成立联想专班，通过工学交替的方式对学生进行职业化培训，确保达到企业用人标准。三是职业发展培训，主要针对企业员工和社区群众重新就业和职业发展需要提供的短期或中长期技能培训项目。其实，职业启蒙教育、职业准备教育和职业发展培训不仅是企业履行职业教育社会责任的重要内容，也是贯穿人终身职业发展的逻辑主线，更是社会人力资源开发的基本方式。

（4）依据参与方式划分。依据参与方式，企业履行职业教育社会责任可以划分为四类：一是职业培训，主要涵盖安全健康、技术技能、学历提升和弱势群体就业等方面，如制造业和采矿业的企业尤为重视员工的安全健康教育。二是职业教育，形成了共建学院、产学研中心（实训基地）建设、课程建设、教学改革、师资队伍建设、创新创业等灵活多元的参与方式。三是职业活动，主要是指企业围绕技术技能而开展的系列活动，如承办各级各类职业技能大赛。四是公益活动，是指企业出于公益目的成立创业基金、捐赠教学物资、开展社区知识普及等各类活动。

2．企业参与职业教育的社会责任的模式分析

不同性质、不同规模、不同发展阶段和不同文化背景的企业承担的社会责任不尽相同，履行职业教育社会责任的实践也有显著差异，并形成了侧重慈善捐助、校企合作和社区协作三种较为常见的模式。

（1）慈善捐助型。

1）慈善捐助型对企业的要求。慈善捐助型是企业最具社会责任感的体现，其对象通常是经济欠发达地区的职业院校和家庭经济困难的职业院校学生。当前，我国正大力开展职业教育精准扶贫，这不仅需要国家政策规划、项目引领和财政支持，更需要千千万万的企业秉承企业公民的职责，关心、关注和回馈职业教育。但需要注意的是，企业履行职业教育社会责任应视企业自身状态而定，通常企业规模和企业履行社会责任的水平成正相关。由于慈善捐助型带有很强的公益性，对企业发展规模和经济效益都具有较高的要求，往往以国有企业和民营企业为主。反过来，也只有发展成熟、实力强劲和财力雄厚的大型企业才具备成熟的对外应变机制和担负慈善捐助的能力。

2）慈善捐助型的实践形式。一是筹建职业院校，如中煤集团按照"缺什么、补什么"的原则成立中煤职业技术学院，为10家企业培训采矿、通风、地质和机电等方面的紧缺人才，以提高一线员工操作、维护自动化设备的技术水平。二是捐助教学设施，与普通教育相比，面向岗位人才培养的职业教育对教学用具的需求更大，像汽修专业迫切需要用于教学的拆解车辆，以帮助学生很好地了解汽车的内部结构和运作原理。三是开展助学基金项目，如中国第一汽车集团有限公司依据"扶贫先扶智"的原则，一方面尤为重视当地的技术培训，积极承担并开展职业教育扶贫项目，帮助和支持建档立卡家庭的学生完成免费的职业教育及培训，甚至根据"择优推荐、双向选择"原则，安排学生到下属企业就业；另一方面则通过设立助学公益基金广泛资助经济困难学生完成学业，为他们尽可能创造获得公平教育的机会。四是创立青年志愿者协会，这是慈善公益行为可持续发展的组织保障，如中国农业银行、中国石油天然气集团等都以协会为组织基础，成功打造各具行业特色的志愿服务品牌和运作机制。毋庸置疑，从社会影响来看，这种润物细无声的慈善帮扶能够帮助企业获得社会各界长期的好感、信赖和支持。

（2）校企合作型。

1）校企合作型对企业的要求。校企合作型之所以能够成为当前企业履行职业教育社会责任最为普遍的形式，源于其对参与企业相对宽泛的要求。一直以来，校企合作是关乎职业教育发展的重大命题，它是一个系统的办学过程，不仅关系到办学主体，即由谁投资、由谁管理的问题，也涉及办学目标定位、办学模式构建等人才培养的各个方面，而且学校和企业两大办学主体的权责分配比例也会深刻影响合作的形式和程度。与慈善捐助型相比，校企合作型既注重与大型企业的联合培养，也注重与中小微企业的教育合作，呈现出合作企业类型丰富、形式多元和灵活多变的特征。

2）校企合作型的实践形式。依据学习地点，校企合作型可以分为两种形式：一是以企业名称命名的独立学院，类似于"校中厂"的形式，如杭州职业技术学院构建了以利益与共、文化相通、成果共享为基础的"校企共同体"高职教育特色办学模式，下设达利女装、友嘉机电、青年汽车等多个二级学院。二是以经营企业的理念来供应教育服务，类似于"厂中校"的形式，通过在企业中设立产学研实训基地，以真实的职业环境对学生进行岗位规范训练，以真实的科研项目为教师提供价值服务，以真实的成果加速校企间的协同创新和成果转化。当然，无论哪一种形式，均契合职业教育"做中学、学中做"的基本规律，体现了学校教学目标和企业生产目标的统一，彰显了职业教育的跨界属性。

3）校企合作型的发展阶段。企业参与职业教育校企合作本身是一个内涵不断丰富、形式不断多元、程度不断深化和责任不断内化的动态过程，大致可以划分为三个阶段：一是企业单向接收学生实习的配合阶段，这一时期企业处于相对被动状态，而且也没有参与职业教育的价值诉求和责任意识。二是校企联合双向建设阶段，这时企业已有参与职业教育的意识，也认识到参与职业教育不仅仅是外在政策的要求，更是自身发展的需求，主要以订单培养的形式呈现，并参与课程标准编写、师资队伍建设、学生实习实训多个培养环节，为企业发展培养了大量优秀的储备人才。三是校企一体交互合作阶段，相比于前两个阶段，这一时期随着商业制度文化的规范，企业社会责任意识普遍增强，既意识到参与职业教育有利，也提高了自我履约性，并涌现了集团化、混合所有制等新型办学模式。越来越多的企业开始主动参与职业院校合作，如上海大众汽车有限公司不仅在安亭本部与上海工商职业技术学院、上海工程技术大学开展合作，同时也积极推进户外工厂，如长沙和乌鲁木齐等地积极探索校企联合培养模式。

（3）社区协作型。

1）社区协作型对企业的要求。社区，顾名思义，它将活动规定在一个特定区域范围，社区内的组织存在地域上相连和利益上相关的关系。社区是企业重要劳动力的来源，出于责任道义，一个社区中的企业无法脱离特定的社会关系而存在，天然具有为该社区提供服务的责任。这些服务在职业教育方面具体体现为提供科技服务、改善居民文娱条件、加强居民文化素质、提升居民生活技能和保障居民就业水平等。一般而言，社区协作型并没有设定企业参与门槛，但通过实践调查发现，参与社区职业教育的企业具有非常明显的行业属性，如金融业、传统农业等在参与社区职业教育方面表现较好。

2）社区协作型的实践形式。面向社区开放办学，建立社区和职业教育联动机制是新时期创新职业教育办学模式、拓展职业教育发展功能和扩大职业教育服务面向的新路径。企业作为重要参与主体，也在积极探索社区职业教育的各类实践形式。一是技能培训，我国社区职业教育起步较晚，发展速度较缓，目前技能培训依然是首要需求，也自然成为企业参与社区职业教育最主要的实践形式；二是技术指导；三是提供文娱服务。此外，随着国家对社区职业教育的重视，并将之纳入现代职业教育体系的整体建构，企业在现有实践方式的基础上，还应积极联络社区内的职业院校，围绕技能培训、资格认证和继续教育等内容深化合作，充分发挥企业服务社区、区域和社会发展的经济功能和社会意义。

3．企业参与职业教育的社会责任的合作机制

在社会学中，机制是指经过实践检验的、在多种因素刺激下能良好地发挥作用的处理问题的方式。如果把企业与员工、社区、学校看成两个能发生映射关系的主体集合，则这两个集合的合作机制是指合作主体间的互动方式与联系路径。现就企业在与职业教育其他主体聚合关系中形成的利益机制、交往机制、组织机制进行探讨与分析。

（1）互惠性的利益机制。利益机制是企业参与职业教育的内在动力，也是形成企业与学校、社区政府和行业部门共同合作的关键所在。

企业与学校、社区教育资源的合作供给，最大的好处是扩大优质资源的集中与聚合，以促进并实现五方面的对接，即专业设置对接产业需求、课程内容对接职业标准、教学过程对接生产过程、毕业证书对接职业资格证书、职业培训对接职业指导，此外，还有利于深化职业教育教学改革、提高职业院校人才培养质量和社会服务水平。这种关乎切身利益的合作机制不仅可以在一定程度上缓解职业教育资源投入的资金压力，也可以充分调动社会成员和不同主体参与到职业教育中去，还可以通过组合搭建互动交流平台，以满足多样化的教育需求、提供个性化的教育服务。有研究者指出：如果职业教育提供者采取策略在当地的社区中开发社会资本的话，他们不仅能为社区做出贡献，自己也会从中获益，这些利益可能包括生源增多、教学质量提高以及为企业减少与毕业生的技能磨合期，从而为企业提供发展需要的更多资本。

企业参与职业教育就是作为社区成员组织把职业教育的利益相关者集聚起来，共同服务于职业教育发展，虽然不同的利益主体有着各自不同的价值导向，但是可以通过利益协调机制在某种程度上达成一种利益妥协或是形成一种价值糅合。其一是政府，政府对于保障公民权利负有重要的责任和义务；政府在职业教育资源调控中负有资源供应、制度建设、监督协调、调配管理等职责，"校企合作"或"政校行企合作"既有利于政府获得资源调配的政治合法性，也有利于学生享受优质职业教育权益。其二是学校，诸如学校等教育机构作为专门的职业教育执行主体，多主体组织资源供给不仅有利于实现校内、校际职业教育资源的优化组合，使更多的资源参与到职业教育全过程，保障职业教育人才培养质量和规格，同时有利于大大提高职业教育的效率和效益。其三是企业，企业作为人才接收方，优质且有规模保障的人才供应可以为企业提供人力储备和智力支撑，缩减企业的人力资源成本，提高企业的经济效益和市场竞争力；同时，行业协会之类的社会团体通过供给职业教育资源参与到职业教育的人才培养过程中，可以实现校企等多元主体间的信息交流和职业发展引导，在实现企业自身利益的同时提高资源利用效率，以降低人才选聘的成本和人力选拔的盲目性，有利于提升企业的品牌形象和社会影响。其四是受教育者，这里所讲的受教育者区别于传统理解的"在校生"，它包括不同年龄段和不同需求的利益群体。优质的职业教育资源供给能够满足不同层次的教育需求、不同发展阶段的多样化需求，从而个人的受教育成本、教育效率以及教育质量也可以得到最优质的保障。个人职业生涯发展以及毕业后或结业后的回馈亦是职业教育资源的一种供给，可以理解为是一种反哺形式的供给，所以个人参与职业教育资源的供给有利于实现个人价值与社会价值的统一、树立良好的回报社会的榜样。其五是产业，产业市场作为一个包含多个利益相关者的共同体，通过职业教育资源供给体系的建构，不仅有利于促进职业教育的持续发展与经济社会的良性循环，而且有利于促进全社会形成崇技尚艺、尊重人才的带动效应，并且对于在全社会建立起正确的人才价值观、职业选择观的良好氛围具有重要的推动作用。

（2）长效性的交往机制。交往机制是企业与其他主体发生联系的途径，既涉及各个独立主体之间资源、信息、知识的分享与交换，也包括合作伙伴之间的对话与交流。企业通过与行业特色对接的学校、与外部机构之间、与产业劳动市场的连续性交往，从而使各个主体达成长效性的交往关系。

交往关系的维持需要遵循四大原则：一是平等性，不同利益群体之间在交往过程中要有对等的投入与付出，企业、职业院校和政府、行业协会等组织所需要的东西要与对方能满足的东西对等，不能一边多一边少，一方有利可图一方不断亏损。二是包容性，即交往方不要斤斤计较，要以开阔的胸怀给予合作方肯定，避免因小事伤害感情造成关系的破裂。三是互利性，企业与各利益主体能开始交往关系的前提是有可以共享的资源，目的是自己能受惠于交换得来的资源，如资金、设备、人员、技术、信息、知识、社会资本等。四是信用性，企业在与各利益主体交往中由于协议规定不明确、真相揭露延时性等缘故可能会产生矛盾或冲突，而矛盾或冲突无法解决的根源就在于双方存在信任危机，可以说，没有信用的交往，将延缓合作进程与合作期限。

企业要与服务对象形成长效性的交往关系，既是体现其服务能力的目标要求，也是在市场经济条件下建设其品牌形象的重要举措。建立长效性的互动关系，一要创造和谐的交往环境，使企业内外部产生积极的互动，在内外部相互关爱与支持的过程中产生强烈的互动动力；二要提供频繁的交往机会，通过开展不同维度的活动增强联系；三要发挥有效引导的作用，在交往过程中根据计划适当调整角色定位，企业在服务职业教育的过程中不仅是服务者，还是支持者、促进者和管理者；四要建立多元的交往关系，如师生交往、生生交往、老板和员工的交往、企业和政府的交往等；五要处理矛盾的冲突关系，在承认各主体需求差异的前提下从公平公正的角度出发解决矛盾。教师鼓励学生积极追求，为学生提供更多的交流学习、实习实训的机会，并且通过借用行业企业、兄弟院校、社区伙伴等关系网建立的社会资本，邀请社会中技术师傅、高技术技能型人才为学生面授，帮助学生拓展知识视野。

（3）有效性的组织机制。组织机制是使事情有序运行起来的条条框框，是企业参与职业教育社会责任的行动准则，它明确了企业与其他合作对象的分工和协调关系，并规定各部门或组织的职权和职责。

企业参与职业教育要能形成完整有效的组织机制一般需做到以下几点：第一，关于原则规定，应根据企业的目标和特点，确定企业开展活动的原则、方针和主要指标，如已经完成资本积累的企业以捐款为主服务职业教育，成立不久的互联网企业以与职业学校合作的方式建设微课资源库，垄断性企业通过与政府签订协议帮助政府完成国民基础设施建设等。第二，关于职能分析和设计的规定，规定企业职能部门的具体业务和工作，如人力资源部规划人才培养方案，市场部寻找合作院校，研发部开发技术项目，财会部做出拨款预算等。第三，关于联络方式，如相互联络人员的指定，联络平台的沟通，协调人员的确定等。第四，关于管理规范，是指规范管理流程、管理标准、管理方法和管理人员的行为规范的设计，目的是为了实现有效奖惩，对表现积极的人员给予鼓励，对表现不积极的人员给予惩罚等。第五，关于反馈和改良，将运行过程中的表现反馈回去，定期或不定期地对上述设计进行必要的修正。

当然，企业的组织机制是否生效还要看其外部合作对象的态度。即使是力量薄弱的一方，也不是被动地接受信息、机械地做出反应，而是根据自己的要求、兴趣去理解和分析对方的信息并做出积极反馈，调整自己的诉求，达到信息交流的目的。参与过程强调协同合作、双方获益，注重满足当地需求，促进区域发展，为个体、职业培训机构、企业发展提供服务与支持。

第三节　校企合作的长效机制建设

在职业教育的产教融合发展模式中，应当构建校企合作长效机制，这对于职业教育的发展具有非常重要的助推作用，也是实现高职职业教育人才培养的必然性途径。在当前的职业教育校企合作长效机制的创建中，还存在诸多问题，从建设的体制、组织以及师资等方面还有待提升。

一、产教融合、校企合作长效机制建设的基本概述

在产教融合的过程中创建校企合作的长效机制，主要是指在人才培

养活动中，由学校、企业以及学生各方形成相互促进的作用，并形成相对规范、相对稳定、相对长期且能够符合各方利益的过程及方法。在长效机制的构建过程中，要求政府、企业、高校集聚资源、协同发力、协同共管，克服产教脱节的顽疾；要求企业参与职业教育的全过程，并且能够在机制建设上、组织保障上提供更大的助力，形成更大的合力；同时也要求企业与学校都能在激励、组织以及规范建设方面，提供切实可行的操作办法，进而形成更有默契、更有深度、更能长久的校企合作模式，有效提高人才与市场需求的匹配度，为企业生产提供优质的现代化人才。

二、产教融合、校企合作长效机制建设的主要问题

当前，产教融合与校企合作发展虽然取得了较多的成果，但仍旧还处于低水平的、粗浅层面的合作阶段，部分企业会将学校看成是劳动力市场，甚至将学生当成廉价劳动力使用，在工作分配上只将职业教育毕业生安排在流水线等低端岗位上，并且缺乏轮动机制，对于专业素养以及技能要求没有任何门槛设置；企业更多从经济效益考虑，"知行思"三大教育环节中缺乏"知"与"思"的环节，使"行"这一环节的内容停于表面，无法升华。而学校也将企业作为教学过程中的实习场所，没有深究不同企业的具体工作环境以及技术要求和薪酬待遇结构，更没有从产与教相融合的角度进行深入思考，这就使得校企合作的关系看似团结，实质上却十分脆弱，且难以进行稳定的长期性合作。从学校的层面来讲，一方面，人才培养方案没有得到很有效的实施，会导致学生及家长的不满；另一方面，学生在就业后会出现较高的流失率，也会导致企业不满，进而在新一轮的校企合作中表现出的积极性不高。

三、产教融合、校企合作长效机制建设的重要意义

当前职业院校与企业的产教融合、校企合作存在一定的问题，且会对后续的合作和发展产生深远的影响，因此，积极深入地研究和探索如何构建产教融合、校企合作的长效机制是非常有必要的，能够有效解决合作中存在的问题，进而保障政府、学校、企业与学生各方利益的充分融合，真正从人才培养的角度思考问题，促进人才培养方案的优化与提升。

（一）有利于提高职业教育人才的培养质量

在现代职业教育体系中积极推进产教融合、校企合作，其核心目的在于要深入了解企业一线的实际需求，进而使人才培养的目标能够更加明确和精准，并通过工学结合的新型教学模式，让学生能够在理论学习与实践操作中实现"学中做"和"做中学"的教学效果，促进理论知识与实践技能的融合，提高学生的动手能力，提升学生的思考能力。而通过与企业一线人员的深度接触，也能够使学生更加明确学习目标，进而使职业规划更加清晰，促进知识与技能的学习，有效提升人才培养的质量。

（二）有助于提升现代职业院校的整体办学水平

通过构建长效机制，能够进一步调动企业参与职业教育产教融合发展的积极性，投入更多的资金、人力，为职业院校课程的实施提供助力。例如会投入更多资金建设相应的实验室、实训场所，有效提升学校教学的硬件设施，进一步提高资金使用的效率。同时，企业将更深入地参与专业课程的建设与教学，以及参加教材的编写，提高教材内容的实用价值，有效提升学校教学的软件资源。另外，职业院校可输送教师到企业一线进行锻炼，不断提升教师的教学业务综合水平，促进教学能力的提升。而且能够有效提升学校在社会的服务能力，形成更好的社会声誉，进而整体提升学校的办学水平。

（三）有利于企业在市场竞争中实现产业结构的转型与升级

全球经济一体化发展的全新格局下，企业面对更激烈的市场竞争，要谋求更大的发展，就必须紧跟时代发展的步伐，实现产业结构的调整和升级。而企业要实现转型升级，其关键就在于专业性的人才培养和资金支持。通过产教融合、校企合作长效机制的建设，能够更有效的提高学校在技能型人才培养上的教学能力，进而为企业提供更多具有专业操作技能和创新能力的新型人才。同时，企业还可享受政府相关制度和税收的优惠，实现企业减负发展，轻装上阵。因此，长效机制能够为企业带来"人才"和"资金"的加盟，从而为企业在新时代的产业转型与升级提供更强劲的发展动力，促使企业能够在激烈的竞争中形成核心竞争力，实现更稳定的可持续发展。

四、产教融合、校企合作长效机制建设的具体路径

（一）积极引入互联网技术，构建政府、学校、企业协同参与的校企合作新平台

产教融合、校企合作要获得可持续发展，形成长效机制的建设，其基本前提在于应当搭建一个完整的平台，实现政府、学校和企业的协同参与，进而使机制的建设能够通过政府相关政策的引导，由教育、行政以及经济组织等共同建立工作委员会，组织进行宏观决策以及合作规划等具体事务。因此，应当积极引入信息技术搭建共享平台，建立职业教育与产业发展相融合的合作平台，让其成为校企合作的连接点，将校企合作各方进行有效整合。同时，应当成立以校企合作事务为核心的董事会，并将企业运行职业教育的发展内的其他职业教育资源进行整合，进而搭建成更强有力的科技性研发平台，有效提高校企之间互动的频率，促进长效机制的构建。

（二）积极拓展运行合作的具体途径，形成多样化的合作模式

在许多发达国家，职业教育起步更早，再加上国家的大力支持和扶持，在校企合作方面积累了较多先进的经验，且形成更多样化的校企合作模式。在我国的校企合作发展中，应当积极借助先进国家的经验，开拓更多样化的合作途径和合作模式，进而使职业教育能够与国家产业发展更紧密的联系起来。为提高两者的融合程度，可采用双主体办学形式，解决企业不愿意参与校企合作的关键点，例如，企业要安排专人管理、承担相应的费用，增加生产成本，安全风险等。学校可以整合行业、企业、学校的需求，构建产业学院，让行业前沿、企业需求直接进入学生的课程表，校企共同制定人才培养方案，编制教学计划，并将企业的实际需求与院校课程设置紧密联系。将企业用人的实际标准用于人才培养的过程中，根据其实际需求设计课程和教学内容，并聘请技术专家展开专业培训，构建产、学、研相融合的合作机制，促进实训基地的建设，进而形成更强大的实践教学团队，提高实践教学质量。

（三）加强师资队伍建设，重点培育"双师型"专业教师团队

要保持现代职业教育产教融合、校企合作长效机制的构建，则需要高职院校能够向用人单位长期输送大量的优质人才，既需要具备该专业需要

掌握的系统性理论专业知识，还需要基于企业用人需求的层面掌握具体岗位的实践操作技能，并且应当具有较强的自学能力和创新意识，能够在后期的工作岗位中获得职业成长，为企业发展注入强劲的动力。因此，要有效提高学生的综合素养，满足工作岗位需求与企业实现无缝对接，就需要加强师资队伍的建设，打造一支优秀的教师团队，具备"双师型"教师素养，在教学过程中可结合具体专业引导学生动脑思考、动手操作，进而为学生综合能力的提升和就业能力的形成打下坚实的基础。第一，要加强专业教师团队标准的建设和资格认定制度的构建，切实提高"双师型"教师团队的建设。因此，教育主管部门应当根据区域经济整体发展的需求和高职院校办校实际出发，制定完善且独立的高职教师师资认证标准，确保符合相关条件和标准的教师，以"持证上岗"的方式进行聘任，确保所有在任教师均符合师资队伍要求，进而为各级高职院校的教学活动开展提供制度性的保障，提高高职教育教学的质量。应当鼓励教师在教学实践过程中创新、改革，营造宽松、积极的创新环境和科研环境，并提供各种综合条件的支持，以此保证教师团队的创新热情。第二，加强制度措施的制定与完善，构建丰富的教师资源库。要进一步激发教师的工作积极性与创新主动性，应当进一步完善各项制度和措施，促使"双师型"教师团队主动提高教育教学能力，将专业知识进行有效的传授，并对实践操作进行全面指导。在此过程中，应当积极鼓励在企业中高素质的操作型人才走进高职院校，以兼职的身份补充"双师"队伍，从而构建具有专业特色的教师资源库，一则可以加强对学生的指导，二则可以针对学校教师展开课程培训，提高在校教师的综合能力。此外，学校还可以开辟绿色通道，吸纳有经验的企业优秀人才加入培训团队，提高教师队伍的整体实践能力，优化人才结构，打造更完善的"双师型"教师团队，提高整体教学质量。第三，构建完整的教师培养体系，全面提高实践与科研能力。在"双师型"教师培养过程中，应当有计划、分批次的展开，针对不同专业展开师资培训，充分利用区域内行业各项优势资源建立教师培养基地，定期派遣专业教师在基地进行实践性操练。与此同时，积极开展实践性教学及竞赛活动，促进教师科研能力的提升，有效提升教师的综合水平和专业技能水平。

近年来，我国现代职业教育体系不断推进产教融合的发展，经过多年的持续性探索，校企合作已经形成多种运行模式，一大批职业院校开始探索校企合作长效机制的构建，积极推行产教融合、校企合作的新型人才培养模式，并取得了显著的成效。长效机制能够有助于职业教育专业建设机制的新突破，提高人才培养的实效性，促进产教融合发展的进一步实施，全面提升职业院校的教育教学质量的提高与企业需求的匹配度，为现代职业教育的发展注入强劲的动力。但由于长效机制的建设还处于摸索的初期，要真正实现更科学有效且合理的产教融合，形成校企合作的长效机制，还应当进行持续的摸索和创新，针对存在的问题加以解决，才能使职业教育学校培养的人才与企业发展以及社会发展的需求保持一致，提高现代教育教学的人才质量为社会主义建设输入更多优质人才。

第六章 产教融合理念下的高职院校人才培养

第一节 产教融合视域下高职院校人才培养的现实依据

一、高职院校深化产教融合的必要性

（一）产教融合是服务经济社会发展的需要

在办学层面，产教融合是高职院校服务社会经济发展的需要。当前，我国高等职业技术人才供给不足、结构性矛盾突出等问题已经成为制约社会生产力发展的瓶颈。因此，必须大力发展职业教育。而要解决这些问题，关键在于加快推进职业学校的转型升级。

高职院校办学的重要任务和发展的根本在于为地区经济和产业发展服务，产教融合人才培养模式有助于高职院校节约统筹资源的经济成本和时间成本，能够最大限度地发挥"育人合力"，同时能够为社会提供更多人才，提高企业对高技术技能型人才需求的满意度，促进产业结构调整和优化升级。"产教融合，校企共育"是一种有效的人才培养机制，通过这种方式，可以将各方的优势发挥到最大，从而实现学校与企业长期、稳定的合作关系，确保各方的优势资源能够不断地投入到高技术技能型人才的培养中，从而发挥最大限度的教育合力。产业构成的核心是产业技术，其发展依赖于产业技术的创新和高技术技能型人才的培养积累。高职院校产教融合人才培养是对接地方产业升级、为地方经济发展服务、为传统和战略性新兴产业培养大批技术人才的重要途径。

（二）产教融合是实践育人全面发展的需要

从教学层面来看，产业与教育相结合，是高职院校实践育人的必然要

求。学生通过在企业的实际生产环境中的锻炼，不仅能够学习到先进的生产技术、生产工艺，还可以了解企业的经营管理模式和企业文化等，有利于培养具有良好职业道德、优良职业素养、扎实专业理论、高超的专业技能和创新精神的技术技能型人才。通过建立产教融合的人才培养机制，可以根据企业的实际需求在培养目标、教材设计等方面，在教学过程中融入岗位所需的技术技能和职业标准等。同时，企业对人才的需求也会随着社会的不断发展而改变，通过校企合作，学校能够及时调整人才培养的方向和目标，使高职院校能够更有针对性地培养出对接市场需求的人才，从而实现人才链和产业链之间的有效衔接。

（三）产教融合是实现平衡人才供需的需要

从宏观层面来看，我国产业结构及发展模式的转型升级，经济的发展不断增大了对高素质技术技能型人才的需求。从学生的角度来看，毕业生想要找到一份与自己的职业技能、发展前景和个人能力匹配的、能充分发挥其个人价值的工作。然而，由于学生的职业生涯规划不明确、教育体制的有待健全、经济社会发展阶段的转变等，使得毕业生找到适合自己的工作并不容易。

因此，为了更好地实现人才供求之间的平衡，适应企业日益多元化、个性化的需求，高职院校必须进行人才供给侧改革。结合产业发展的实际情况和发展趋势，不断构建完善的产教融合的人才培养模式，实现"精准化"人才培养。

二、产教融合与高职院校人才培养的内在联系

（一）高等职业教育的规定性

高职院校是实现社会工业化、生产社会化和现代化的重要保障，承担着为生产、建设、服务、管理等领域输送人才的重要任务。高等职业教育与普通高等教育相比，更重视对理论知识和实践能力并具的技术应用型人才的培养。所以，产教融合有助于高职院校在人才培养过程中融入产业及社会发展需求，培养出高素质复合型人才。

（二）高素质技术技能型人才培养的复杂性

高职院校培养的人才要具备较高的素质和较强的技能，能够服务于生

产、建设、服务和管理的一线。培养高素质技术技能型人才，应以"就业为导向、素质为本位、能力为基准"，理论知识与实践能力并具。目前，我国社会知识更新周期不断缩短，高素质技术技能型人才要具备可持续发展的能力，才能不断适应我国产业结构的升级和科学技术的发展。因此，人才培养更为复杂。高职院校传统的人才培养模式，大多以学校专任教师在课堂讲授为主，虽设有相应的实训课程，但受到师资理论、硬件设施、教学场地等的局限，实践训练不够深入，导致高职院校人才培养目标与企业用人需求相脱节，造成毕业生"就业难"、企业"用工难"的双重不利境地。产教融合人才培养模式，打破了传统授课模式的壁垒，成为解决高职院校培养高素质技术技能型人才不可或缺的途径。

（三）高职院校在现代职业教育体系中的主导性

在现代职业教育体系建设中，高职院校在转变经济发展方式、调整产业结构、继续教育、促进职业教育的协调发展等方面扮演着重要的角色。随着经济转型与产业结构调整，高职院校在密切关注传统产业的同时，也着眼于为新兴产业和高新技术产业培养人才。然而，我国高职院校人才培养模式还存在一些问题，如专业设置过于集中、课程结构不合理、实践教学环节薄弱等。

因此，要加快高职院校的改革步伐，建立以"双元制"办学体制为主线，以企业需求为导向，以提升学生综合能力为目标，以产教融合为核心的新型人才培养模式，才能更好地满足社会对高素质技术技能型人才的需要，解决我国产业高质量发展急需人才的客观要求。

（四）产教融合对高职院校人才培养的要求

1. 产教融合对高职院校人才培养理念的要求

在人才培养理念方面，由于高职院校自身的职业属性决定着其与普通高等院校的人才培养目标有别，其属性要求人才培养应以职业技能为导向。产教融合需要学生在实际工作中运用理论知识，使其与实际工作有机相结合，而非仅限于理论层面。产教融合的理念应该贯穿于整个学校和企业共同育人的教学过程中，做到将理论与实践相结合、教育与产业相结合、人才与市场需求相结合。以市场需求为导向，注重学生综合素质和自主学习能力提高的人才培养理念是产教融合所提倡的，使学生能够更好地适应市场需求的变化。

2. 产教融合对高职院校人才培养过程的要求

在人才培养过程方面，产教融合要求高职院校能够动态地适应产业发展的需要。因此，学校要积极主动地进行市场调研，对市场的用人需求进行预测，并针对不同的实际情况，进行分类的人才培养，后续要根据市场的变化对人才培养进行动态的调整。在教学内容上，应注意将理论知识与实践活动相结合，将理论知识及时有效地转化为实际操作能力。另外，学校要在政府的牵头下，积极与企业展开合作，共同制定人才培养方案。

同时，建设一支"双师型"的师资队伍对于培养高素质的人才具有重大意义，高职院校要加强和加快"双师型师资队伍的建设。此外，教师在对学生进行考核评价时，应摆脱单一的评价方式，从政府、学校、企业三个方面分别进行考核，实现产教融合的要求。

3. 产教融合对高职院校人才培养方法的要求

从培养方法上看，高职院校要加强与企业的交流和合作，制定人才培养计划。培养中要重视使学生达到知识与实践的统一，使其在课堂上能及时将所学理论知识应用于实践，注重学生在学习过程中的实践比重，从知识本位转变为能力本位、从重视课堂和书本教学转变为重视生产和实践教学。要以政府为主导，改变以往单一的教学模式，向多元化的教学方式转变，积极搭建校企协同育人平台，实现资源共享。同时，要完善政府的保障力度，确保高职院校和企业合法、有效以及稳定地培养人才。

第二节　产教融合视域下高职院校人才培养

存在的问题

一、政府在产教融合中支持引导不到位

近年来，政府颁布了产教融合相关的政策文件，但在贯彻执行层面上，缺乏具体的执行标准，实施细则不完善，指导和约束力不强。例如，如何能够在实践层面上将文件精神和相关政政策发挥实际作用来推动产教融合的发展。当前，国家和政府给予高职院校一定的经济扶持，企业、行业组

织、公益团体等也都通过各种方式，如资金支持、购买设备等，支持高职院校的办学。

但是，还应该继续加强对高职院校的支持力度，加强在人才培养经费方面的投入。目前仍存在着产教融合的有关资金申请流程较为复杂，审批慢等较为突出的问题，不能及时满足产教融合的需要。

因此，政府要进一步加强支持产教融合的力度，使更多要素向高职院校聚集，以更加开放的战略支持产教融合的发展。

二、高职院校产教融合人才培养的教学体系脱位

目前，高职院校在专业设置、课程设置、实践基地建设、人才培养目标等方面存在着与产业需求衔接不恰当的问题。《国家职业教育改革实施方案》中规定，要按照"专业设置与产业需求对接、课程内容与职业标准对接、教学过程与生产过程对接"的要求办学。

高职院校人才培养的目标设定应遵循企业的人才需求，但基于产教融合人才培养现状，高职教育与企业人才需求契合度不足，主要体现在以下三个方面。

第一，在专业设置方面，高职院校在专业设置中并不能完全对应产业需求，高职院校过于追求就业热门趋势，许多学校都把重点放在了国家热门专业的建设上，而不重视与本地产业的实际需求相结合，专业设置体现出很强的盲目性，与地方产业结构、经济发展形势的契合度较低，且诸多专业就业率连年降低，高职院校并未采取控制招生或调整专业发展方向的举措，这也容易忽略对学生的专业要求和人才培养目标的解释，造成了学生在选择专业时不了解专业学习内容，选择了不适合自己的专业，导致部分专业与产教融合人才培养无法匹配。只有在不断的学习中，才会逐渐意识到专业的人才培养目标。目前，政府、企业对高职院校人才培养方案的制定参与度并不高且多为间接参与，学校依然起主导作用，但学校存在着不能准确把握社会对于人才的需求趋势，因此导致了产教融合过程中高职院校人才培养的教学体系脱位的问题。

第二，在课程设置方面，所设置的课程大多为理论型课程，为学生传授过多的理论知识，缺乏与实践的关联性，特别是实践课程占比严重不足，学生缺少参与实践学习的机会，影响了学生实践操作能力和职业能力的培养。

第三，在实践基地建设方面，诸多高职院校尚未构建独立的校内外实

践基地，软硬件建设均有不足，难以推进实践基地育人工作，以及产教融合人才培养的有序推进。

三、企业在产教融合中参与主动性不高

在实施产教融合的过程中，企业参与到学校的课程建设过程中是其基本责任，主要指标包括专业建设、课程建设、师资队伍建设和教学评价等，但目前企业参与的积极性还不够高，留于表面。由于受传统观念和利益关系的制约，许多企业在寻求合作伙伴时，往往会选择具有绝对优势的目标。

目前，高职院校产教融合中普遍存在的现象是"学校热、企业冷"，很多校企合作中企业显示出被动参与的特性，企业单纯为满足劳动力需求而参与学校合作。参与校企合作的企业热衷于与高职院校进行订单班培养，以低成本获得促进企业生产的一线劳动力，但是对于学校人才培养方案设置等方面，企业的参与程度不高，导致产教融合在高职院校实施的长效保障机制不足，究其原因，是学校的公益属性和企业的利益属性之间无法达到相对平衡的状态。

四、产教融合理念落实不足，校企协作效率相对较低

在高职院校产教融合人才培养的过程中，互利共赢的合作育人理念深入度不足，在很大程度上影响了产教融合人才培养的质量，主要表现在以下两方面。一方面，企业的趋利本质。由于产教融合人才培养难以在短期内获取成效，大部分企业认为产教融合人才培养周期较长，投入时间和资源相对较多，对于企业的经济收益不足，缺少产教融合人才培养互利共赢的坚实基础。究其原因，是由于企业与高职院校所追求的目标存在差异性，企业以经济利益最大化为根本，使得产教融合人才培养理念难以深度融入企业，与企业追求短期利润的目标相矛盾。因此，企业在参与产教融合的过程中并未积极投入资源与资金，从而影响人才培养方案的有序推进。另一方面，高职院校对产教融合理念的认知存在偏差。部分高职院校认为产教融合是解决学生实习和就业问题，并未认识到产教融合对企业的重要性，过度考量自身利益难以与企业协同合作，针对企业提出的人才培养建议接受度较低。同时，部分高职院校面对大型企业、小型企业和私人企业，秉持差异化的合作态度，这种片面的融合理念，对产教融合人才培养产生了不利影响，甚至阻碍了高职院校的未来发展。

社会主义市场经济的快速发展为企业转型迎来新机遇，企业的人才需求不断变化，需要深度拓展产教融合。在当前企业与高职院校协同合作的过程中，双方之间协同效率有待进一步提高。高职院校改革发展缺少充足动力，虽然国家出台各项政策，但由于高职院校发展相对滞后，产教融合难以深度推进，现有的课程及专业与政策发展相脱节。并且高职院校与企业之间缺少高效的沟通交流平台，双方之间存在信息不对称，导致多元育人主体之间意见分歧无法有效解决，影响了产教融合人才培养的质量。

另外，企业参与产教融合的积极性相对较低，并未树立合作共赢的理念。在校企联合办学与人才培养的过程中，双方权利与义务边界不明确，企业并未能积极参与高职院校人才培养全过程，导致产教融合人才培养难以达到应有效果。

五、教师队伍职业技能薄弱、人才培养保障机制不足

（1）当前，高职院校"双师型"师资队伍建设不足，教师缺少企业工作经历和实践经验，产教融合人才培养中，与企业一线技术人员、管理人员沟通不足，导致教师授课难以结合企业实践，影响了人才培养的质量。

首先，教师引进机制不合理，在现阶段高职院校教师人才引进的过程中，主要考察教师的学历水平、科研产出成果，对教师的企业工作经历、社会实践经验重视度不足，导致引进的教师大多为理论型教师，难以胜任高职院校产教融合人才培养的实践教学。

其次，教师评价与激励机制匮乏，高职院校并未结合产教融合人才培养的基本要求，对广大教师定期展开考核评价，削弱了教师参与产教融合的积极性和主动性。在教师考核与评价过程中，科研论文、课时数量、学生成绩是主要考核指标，而关于学生实践能力、创新能力缺少量化考核，导致教师不愿意参与产教融合和企业实习实践。在教师激励方面，针对积极参与产教融合、企业实践的教师，学校方面缺少有效的物质和精神激励手段，在教师职称评定、岗位晋升、薪资待遇方面并未给予优待，教师缺少自主提升应用技能的主观能动性。

（2）需要有力保障机制，方能推进产教融合人才培养的有序进行，当前由于相关政策法规和资金保障不足，导致产教融合人才培养面临诸多障碍。在政策方面，地方政府未出台相关产教融合支持政策，企业面临复杂多变的市场环境，不敢参与产教融合人才培养。在资金方面，高职院校产

教融合人才培养缺少充足的资金来源，政府虽投入了一定量的资金，但远不足以支撑产教融合人才培养。且在高职院校资金申请过程中，程序十分复杂、审批速度较慢，使高职院校和企业即便存在产教融合人才培养的热情，也在漫长等待中被磨灭。

第三节　产教融合视域下高职院校人才有效培养的推进策略

一、学校：聚焦办学质量，紧密对接产业链、创新链

（一）创新制定培养目标，适应时代要求

高职院校应根据所在地区的经济发展需求和产业企业的实际需求切实制定人才培养目标，只有人才培养方向明确具体，才能使学生综合能力得到提高。同时，人才的质量直接关系到企业的发展，要改善和解决当前理论研究与高素质技术技能型人才培养目标混淆的状况，需要逐渐划分、升级，最终树立符合实际的紧密对接产业链、创新链的人才培养目标。

首先，高职院校应拓宽意见反馈渠道，健全信息交流机制，组建多方利益相关者委员会，充分整合来自学生、企业、政府和行业组织、教育工作者和经济学家等的反馈意见，在制定人才培养目标时作为参考，制定出能够反映宏观指导思想和未来发展方向的培养目标，并与时代需求相适应。

其次，学校、企业应共同成立专项工作小组，负责制定人才培养方案。主要内容包括：定期调研和统计相关企业的招聘情况和学校毕业生的就业趋势相关数据，科学分析和制定人才培养目标。人才培养目标的制定不应过于宽泛，既要有导向性、操作性，又要有可行性，使其既符合宏观的方向性定位，又能与学校各专业的具体情况相契合。

最后，要通过政府和行业协会的支持，充分掌握地区院校整体人才专业培养情况等信息，确保制定出科学有效的人才培养目标。学校在创新制定人才培养目标时要注意以下两点：一是要充分考虑高职院校的性质和定位，始终以"服务社会""培养应用型"人才为主，从经济社会发展的需求和时代发展对人才的需求来培养学生，才能使学生实现更加充分、更高质量的就业，紧密对接国家经济产业发展需求和社会需求；二是要充分认识

到学生个体发展的需求，因材施教，注重学生的综合素质的提高。在人才培养目标制定的过程中，除了要使学生得到知识和技能方面的发展，还要注重培养学生良好的社会适应能力，让学生能够通过产教融合的实践过程了解自身能力的不足之处。

（二）科学规划教学体系，侧重需求导向

新时代产教融合人才培养体系，需要与之相适应的教学方式。当前，传统的理论、实践课程主要是以教师讲授为主的教学模式，难以适应新时代对产教融合的人才培养体系的要求，难以满足相关行业的需求，不足以使学生毕业时真正具备综合技能。因此，高职院校应科学规划教学体系，在课堂上引入先进的学习方式和多种教学方式。在教学过程中，可以由实践引入，激发学生的学习兴趣，循序渐进，模拟行业的真实环境，教师重点讲解、学生动手实践，最后对学生实践中的薄弱环节进行强化，分级教学，使学生提高主动学习、主动思考的能力，了解行业企业生产中的实际问题，并自主思考和分析探索。同时，为使产教融合人才培养模式能够具有高效性和科学性，最有效的途径之一就是要转变教师的育人观念和教学观念。教师在产教融合教学的选择、更新以及传递等工作中发挥着重要作用。不难看出，学校教学观念、育人理念的转变对提高产教融合教学质量发挥着重要作用。在教学过程中，教师要更加主动的深入到企业中，不断在企业的用人需求中探索出当前行业企业对毕业生的能力要求和就业特点。此外，在理论的课程教学环节，要着重把符合用人单位岗位招聘条件的专业知识和教学内容整合，使学生能够紧跟时代潮流和社会进步趋势。同时，要以需求为导向，不断完善教学体系，把现代教育与教学方法有机地结合起来，以达到培养应用型人才的目的。

（三）全面优化课程结构，适应产业变革

高职院校产教融合人才培养的核心是培养出能够与行业企业生产相适应的人才，因此，高职院校在专业设置方面，要与相关产业中行业企业的特点紧密联系，来构建课程体系。同时要科学分析各专业现状及未来发展趋势，科学设计产教融合的课程体系，通过调研行业企业的人才需求特点和所在专业毕业生就业去向等信息，以此为基准，统筹规划，调整各专业招生情况、课程设置、师资力量、理论与实践课程比例。从课程设置上来看，高职院校的课程设置应当具有前瞻性，与所在地区产业结构和未来规

划等方面积极对接，探索并建立三级课程体系：即一级课程为教师讲授，教师在传授专业理论知识的同时，激发学生的学习兴趣和学习主动性。二级课程为理论讲授与实践养成相结合，加强师生间的深入探讨。三级课程为实践课程，在实践课程中，模拟还原真实的行业、企业中的工作内容，让学生以解决实际问题为主，使学生的实践动手操作能力得到充分锻炼与培养。通过这种纵向课程设置，提高课程质量、优化课程结构，使学生循序渐进的将自身所学理论知识与产业实践相结合。

除此之外，高职院校应对学校内各专业有针对性地统筹规划，建立淘汰预警机制，对于与产业需求不对接、连续就业率低的专业以及夕阳产业相关的专业进行预警，优化课程设置和专业方向，进一步控制招生规模，有针对性的提高课程质量。同时，区域内各高职院校要加强交流，各学院根据自身教学资源和优势的不同，打造出自己的优势专业，并根据所在地区的产业情况积极推动专业课程创新，打造专业性强，知识面广的课程体系，实现以特色、擅长专业为带动的产教相互融合的课程体系。

最后，要通过优化课程的内容来构建有效的合作沟通机制，加强校企之间合作的力度，更新并共同研究解决课程中的问题，高职院校要建立多样化的课程体系，调整、吸纳、补充与前沿科技发展相关的课程内容。

（四）加强师资队伍建设，优化"双师、双能"师资

在高职院校深化产教融合实践中，师资队伍建设是重要一环。高职院校需要从多方面着手，加大对高层次人才、科研人员、行业领军人才和优秀"双师型"教师的福利待遇。

首先，提升教师综合能力和素质，具体可采取以下措施：学校要为教师的专业发展提供有利环境，积极组织教师培训。从"双师型"教师的角度来看，教师必须切实掌握理论知识和实际的生产实践操作。因此，学校可以邀请校外企业的一线专家来校授课，企业对校内的教师进行专业指导，将相关专业的教师安排在不同的企业、工厂等，使教师对一线生产实践和行业前沿知识更为了解，从而提升教师整体的专业素养。

其次，在师资引进过程中，要把握好筛选标准。要结合高校发展实际，制定科学、合理的人才引进政策。根据各个学院的实际需求，制订出一份专门的人才招聘计划。同时，要开阔眼界，从社会、企业和行业中，积极引进实践能力较强的兼职教师，以弥补校内教师在实践教学方面的不足之处。这样不仅可以让学生在理论上有更多的了解，而且可以掌握实际生产

层面的内容。同时，学校内的教师也可以积极了解行业的发展状况，以便更好地改善自身教学。

高职院校要实行"走出去""引进来"相结合的师资模式，不断引导、鼓励和组织学校教师要定期到企业生产环境中进行周期性的学习和培训，通过对教师所学知识的学习，使学生能够提升实践能力、更好地适应现代企业的需求。"引进来"是指在本行业中，优先聘用在本领域拥有丰富的生产管理经验的高技术人员，其中包括：企业工程技术人员、专业工程师等；同时，通过讲座、学术交流会等方式，加强与学校教师的学术交流，相互促进和学习。通过这种方式，构建灵活的用人机制，使校企双方的师生、员工能够进行双向交流，充分展示出基于产教融合校企合作的应用型人才观念，对教师队伍建设所提出的要求与指导。以产教融合为重要导向，构建一套完整的评估系统，从学科专业水平、理论与实践创新能力、综合教学水平、实践操作技能、理论创新能力、教学方法创新能力、教学方法创新等方面进行综合考核，以评价机制的改革促进产教融合的力度与有效性。

二、政府：为产教融合育人体系形成长效保障机制

（一）健全相关法律法规，强化制度保障

当前，我国陆续颁布了一系列产教融合相关政策文件，在政策保障方面对产教融合人才培养提供了有力支持，并且一定程度上起到了引导和促进的作用，也是逐步完善产教融合人才培养体系必不可少的一环。各个政策文件指导明确，引导有力，进一步厘清了职业院校产教融合人才培养有关的一些保障措施、监督机制等。但是，在具体的实施中，地方教育主管部门，还是要坚持因地制宜，结合各地实际情况，对政策文件进行进一步的解读。因为，在实施产教融合的过程中，涉及到多方责权和利益调配，若想真正贯彻落实国家层面的保障政策，就需要地方政府做好沟通协调，做好利益的均衡和职责的划分。与此同时，各地应根据不同的情况，给予相应的支持，进一步为产教融合人才培养提供有力保障。例如，完善制度保障，解决相关行业企业的后顾之忧。才能进一步深化职业教育供给侧改革，提升相关的行业企业在产教融合人才培养过程中的话语权，通过税收政策扶持、产业帮扶等措施为产教融合人才培养提供更加丰富的社会资源。

最后，政府要建立明确的权责划分机制，明确高职院校产教融合中各个参与方的责任和义务，要制定一套行之有效的产教融合管理体制和实施

办法，明确实施的具体程序，并根据各自的实际，制定适合自己的管理制度，以此提升人才培养的积极性、主动性。

（二）加大财政支持力度，形成长效保障

从企业的角度来说，参与到产教融合中，将会导致企业的经营成本上升，进而影响到生产效率。同时，对在产教融合项目中投入资金、设备、场地等实物要给予财政支持，并引导金融机构对产教融合项目提供配套的金融服务。在教育、产业方面要继续加大投资力度，使资本市场的功能得到最大程度的发挥。与生产实际相结合，以满足产业和企业的生产需求，是培养高素质技术技能型人才的关键，也是保障我国人力资源高质量发展的关键。高职教育更加重视学生的实际技能，并要求更多的资金投入。为此，必须进一步提高高职教育的地位，加大对高职院校的资金投入，完善设施建设，提高高职院校的软硬件设备条件。同时，在实施产教融合人才培养过程中，必须加强对高职教育的投资，并建立产教融合企业专项资金支持，提升产教融合人才培养体系中各方参与的可能性、积极性与可持续性发展。

（三）建设监督管理制度，提高培养质量

政府要起到牵头作用，积极设立产教融合人才培养的保障平台，形成全方位、立体化、有实效的保障格局，成立起专门的监督指导机构。产教融合人才培养需要全方位、多部门的共同协调配合，不能完全依靠某个单一部门的来实现。构建专门的保障平台，实现资源利用的最大化，就需要充分融合各方的一些先进理念、优势资源以及优势技术。以人才培养为点，各方共同设立为线，形成立体化的保障局面。保障平台的建立要实现线上线下双平台，将保障平台接入各方的专职部门，充分利用"互联网＋"技术，实现快速响应，切实提高人才培养质量，使产教融合相关方互惠共赢，长期合作。

（四）构建统筹发展格局，创新驱动发展

高职院校深化产教融合的关键在于学校与企业树立互利共赢的合作理念，积极合作，共育人才。近年来，国家积极倡导高职院校转型升级，并在资金、政策等方面给予了大力支持，提高高职院校的办学"生命力"。随着产教融合不断深化，学校和企业已经迈出了产教融合实践的第一步，接

下来如何让学校和企业树立互利共赢的人才培养理念非常重要。

首先，要引导企业要转变错误观念，化被动为主动，积极主动参与到产教融合中，树立互利共赢的人才培养理念，使企业能够从根本上实现在产教融合过程中的主体地位，深刻认识到企业也是产学融合的主体之一。

其次，要使高职院校改变传统的固有观念，深化与企业之间的交流合作。通过举办研讨会、参观企业、宣传和推广学校等措施，帮助企业消除顾虑。根据不同企业对人才的需求来培养适合企业发展的人才，提高产教融合的实效。

最后，政府等相关部门应积极采取措施，助力产教融合人才培养模式的深入实施。通过媒介，进行大力宣传，详细介绍产教融合的人才培养模式的优势，指出产教融合的双赢思想给企业和学校带来的许多好处，以及实实在在的效益。协助校企加深彼此的了解，促进合作，保障产教融合人才培养模式的成功实施。产教融合更应该坚持政府的宏观调控，学校和企业要充分重视高职院校人才培养在我国社会经济发展过程中发挥的作用，整合优质资源，为企业与学校的合作创造良好条件。

三、企业：发挥主体作用，树立互利共赢理念

（一）主动承担社会责任，积极配合育人

企业要明确自身的社会责任，把提升学生的专业素质和培养人才作为自己的职责。在学生实习过程中，要对学生进行职业生涯规划的合理指导，使学生树立正确的就业观，认清就业前景和个人发展方向，并加强学生的精神文化建设，在提升学生专业能力的同时，也要增强他们的归属感。安排有经验和耐心的专业技术人员，对学生进行全方位的培训，提高其工作能力。企业可以通过合理的轮岗制度，使学生能够接触到更多的工作内容，这样才能使他们对工作的理解更加深入。安排相关后勤人员对学生实习期间的学习和生活进行适当的安排，并对其进行心理疏导，引导学生以最佳的状态融入工作环境。

（二）破除校企利益壁垒，贯彻互利共赢

产教融合是企业人力资本积累和员工继续教育的重要组成部分。一方面，要加强企业之间的合作意识。另一方面，企业在校企合作中的供给内容和方式决定着合作的深度，企业要不断创新供给内容，拓宽供给方式，

多渠道的参与合作，推进合作持续深化。企业应转变站位，从战略角度考虑合作的收益，从而坚定积极地参加校企合作。相对于职业院校的"准公共物品"属性，企业在经济发展过程中对产业结构和行业发展的变化更为敏锐，能及时发现市场的变化。因此，高校要有效地开展校企合作，积极参加培训活动，提高职业技术人才培养的针对性和实效性。一是应结合行业、产业发展的需要，主动参与高职院校在专业建设、课程设置等方面，使高职院校的人才培养更加专业化、科学化。二是增强高职人才培养的针对性与实用性。按照职业标准、岗位标准，提出对学生素质和能力发展方面的要求，为高职院校提出切实可行的建议。三是与高职院校共建实践教学资源，例如校外实训基地的建设、当地企业技术人员到校教学授课、校企人员进行合作科研开发新项目等。

（三）准确把握发展契机，满足人才需求

在企业内部设置专门的对接机构，与高职院校开展产教融合工作，做到专人、专门、专事、专议、专项，依据校企实际情况制定具体工作实施方案。主动与高职院校对接并保持工作的无障碍、常态化。在企业内部主动有序推进产教融合发展进程。同时，要结合地区经济转型升级的实际，从企业自身的角度出发，寻求与高职院校进行产教融合的切入点和关键点，以提高人才的素质，尽快消除"两张皮"的现象，推动高职教育向前发展。

四、高职院校产教融合人才培养机制优化的意义

（一）有助于提升高职教育质量

当前，我国高职教育的人才培养目标，是为行业社会及企业培育符合其人才需求的应用型、综合型、技术型人才。高职院校的办学性质及教学特点决定其人才培养方向，偏向于生产、管理、服务实践等方面，但是在传统高职院校人才培养的过程中存在较大的局限性，主要以理论知识教学为主导，开展实践教学的条件相对有限，而运用产教融合的人才培养模式，能够有效弥补高职院校传统教学模式的诸多弊端。在产教融合教学的模式下，为学生拓展丰富的实践路径，在参与实践过程中为学生提供良好的职业环境，加之专业实践教师的指导和帮助，能够显著提升高职学生的实践能力。由此可见，应用产教融合教学模式不仅有助于培养学生的综合素

质与实践能力，更能进一步提升高职教学总体质量。

（二）有助于实现资源合理配置

在高职院校实施产教融合人才培养模式的过程中，教育教学活动不再局限于学校内部，而是在校内课堂教学基础上，与当地行业、企业、政府及社会组织展开密切合作。在高职院校人才培养的过程中，由于各类教学资源相对有限，通常设置简单的实训课程锻炼学生实践操作能力。基于产教融合背景下高职院校与企业及行业积极合作，充分发挥社会资源优势，共建校内外实习实践基地，能有效培养学生岗位能力和职业素养。在产教融合人才培养模式的推动下，高职院校能够合理配置校内外资源，不仅提高了自身人才培养的质量，还为社会输送高质量人才，继而实现双赢的目标。

（三）有助于学生实现自我价值

高职院校在人才培养的过程中有明确的教学目标和任务，并且为学生树立相对明确的未来职业发展方向。在高职传统教育教学模式下，学生在校期间主要以理论知识学习为主导，缺少充足参与生产实践的机会，导致学生的理论学习与实践相脱节，削弱了学生学习热情与积极性。高职院校运用产教融合的人才培养模式，使学生在校学习充足理论知识后，有参与生产实践的机会，能够在实践中检验理论知识的应用性，从而使其积极的投入到理论与实践学习。并且在产教融合的人才培养模式下，学生有机会在实践中巩固理论知识，提高实践操作能力，有助于挖掘学生内在潜能，在职业发展中实现自我价值。

（四）有助于推动高职教育改革

在新时代背景下，高职院校传统人才培养及教育教学模式，难以适应社会发展的现实需求。需要高职院校转变传统教学模式、教学内容、课程设置、教学评价，形成适应产教融合理念的新型教学管理机制。这一举措不仅能够提升教学安排的科学性与合理性，还能够推动高职教育的改革发展，对高职院校构建新型人才培养模式和教学体系具有积极意义。

参 考 文 献

[1] 陈增红，杨秀冬. 职业教育产教融合人才培养模式研究[M]. 北京：中国社会科学出版社，2020.

[2] 唐小燕. 利益相关者视角下高职院校产教融合机制研究[M]. 成都：西南财经大学出版社，2020.

[3] 祝穆伟，毛帅，赵琛. 产教融合型实训基地建设与评价研究[M]. 徐州：中国矿业大学出版社，2020.

[4] 黄艳. 产教融合的研究与实践[M]. 北京：北京理工大学出版社，2019.

[5] 贺星岳. 现代高职的产教融合范式[M]. 杭州：浙江大学出版社，2015.

[6] 田秀萍. 职业教育资源论[M]. 北京：光明日报出版社，2010.

[7] 何正斌. 经济学 300 年（第 3 版）[M]. 长沙：湖南科学技术出版社，2009：211.

[8] 张忠信，高红梅. 校企合作的理论探索与实践[M]. 沈阳：辽宁大学出版社，2007.

[9] 马克思. 资本论（第一卷）[M]. 北京：人民出版社，1975：385.

[10] 张静. 职业教育"产教融合、校企合作"政策落地的地方实践[J]. 中国职业技术教育，2020（16）：49-53.

[11] 罗明誉. 高职院校产教融合实现机制研究[D]. 杭州：浙江工业大学，2017.

[12] 赵志群. 建设现代学徒制的必要性与实现路径[J]. 人民论坛，2020（9）：59-61.

[13] 欧阳河，戴春桃. 产教融合的内涵、动因与推进策略[J]. 教育与职业，2019（7）：51-56.

[14] 吴兆明. 高职院校实训基地"五个融合"内涵建设的探索[J]. 职业技术教育，2019（2）：15-19.

[15] 王慧勤. 如何实现高职院校的产教融合[J]. 文教资料，2018（16）：131-132.

徐溢艳. 产教融合的实训基地建设及其运行机制[J]. 文教资料，2018（7）：131-132，145.

[17] 陈年友. 产教融合的内涵与实现途径[J]. 中国高校科技，2014（8）：40-42.

[18] 刘春玲，杨鹏. 高职教育校企合作问题及内涵发展路径[J]. 黑龙江高教研究，2014（1）：118-120.

[19] 徐科军，黄云志. 校企合作创新人才的探索与实践[J]. 中国大学教学，2014（7）：54-57.

[20] 陶言诚. 高等职业教育校企合作人才培养模式现状及展望[J]. 职教论坛，2013（23）：67-69.

[21] 张梦蝶，李慧. 我国高等职业教育问题归因分析[J]. 职教通讯，2011（15）：65-68.

[22] 肖放鸣. 校企合作人才培养模式探索与实践[J]. 中国职业技术教育，2010（14）：100-102.

[23] 马成荣. 校企合作模式研究[J]. 教育与职业，2007（23）：8-10.

[24] 高文静，傅琳. 改革开放四十年我国职业教育产教融合政策演变与若干建议[J]. 南通职业大学学报，2018，32（3）：23-26，48.

[25] 黄德桥，杜文静. 基于产教融合的高职院校校内生产性实训基地建设研究[J]. 中国职业技术教育，2019（2）：88-92.

[26] 郎金花. 民办高校校企合作存在的问题及对策思考[J]. 中小企业管理与科技（上旬刊），2015（10）：259-260.

[27] 宋梦，付立彬. 民办高校"校企合作、工学结合"人才培养模式研究与实践[J]. 价值工程，2015（17）：253-255.

[28] 王辉. 校企协作助推产教融合：美国社区学院校企协作"项目群"的兴起[J]. 高等教育研究，2015，（12）：102-109.

[29] 余秀琴，荀莉，陈鸿盖. 我国产教结合、校企合作的历史发展[J]. 中国职业技术教育，2012（1）：23-33.

[30] 俞发仁. 产教融合背景下高职院校人才培养机制的构建[J]. 开封教育学院学报，2018，38（9）：166-167.